Christiane Eisler-Mertz

Perfekte Ausreden für jede Gelegenheit

Christiane Eisler-Mertz

Perfekte Ausreden für jede Gelegenheit

So retten Sie sich gekonnt
aus schwierigen Situationen

Die Deutsche Bibliothek – CIP-Einheitsaufnahme

Eisler-Mertz, Christiane:
Perfekte Ausreden für jede Gelegenheit : so retten Sie sich
gekonnt aus schwierigen Situationen / Christiane Eisler-Mertz. –
Landsberg am Lech : mvg, 2001
   (mvg-Paperbacks; 08820)
   ISBN 3-478-08820-8

Copyright © 2001 bei mvg-verlag im verlag moderne industrie AG
& Co. KG, Landsberg am Lech

Alle Rechte, insbesondere das Recht der Vervielfältigung und Verbreitung sowie der Übersetzung, vorbehalten. Kein Teil des Werkes darf in irgendeiner Form (durch Fotokopie, Mikrofilm oder ein anderes Verfahren) ohne schriftliche Genehmigung des Verlages reproduziert oder unter Verwendung elektronischer Systeme gespeichert, verarbeitet, vervielfältigt oder verbreitet werden.
Umschlaggestaltung: Felix Weinold, Schwabmünchen
Satz: FTL Kinateder, Kaufbeuren
Druck- und Bindearbeiten: Ebner Ulm
Printed in Germany 08820/701302
ISBN 3-478-08820-8

Inhaltsverzeichnis

Warum man Ausreden braucht und wie
man sie erlernt 9

Kapitel 1: Die Blickpunkt-Ausreden 15
*Die alltäglichen Umgangsformen: miteinander
reden, ohne zu lügen*

1. Familienberichte 21
2. Urlaubsberichte 22
3. Geschäftsberichte 24
4. Die barmherzigen Lügen 26
   *Die barmherzige Ausrede: Was man sagen
   sollte und was man besser verschweigt*

**Kapitel 2: Die Umgehungs- und Floskel-
           Ausreden** 33

1. Das Wiedersehen nach langer Zeit 33
2. Hilfe – ich habe den Namen vergessen! 36
3. Die goldenen Kindermundwahrheiten 37
4. Die Zu-spät-kommen-Ausreden 40
5. Die Krankheits-Ausreden 41

**Kapitel 3: Die Überraschungs- und Ver-
           blüffungs-Ausreden** 45
*Wie man Zeit gewinnen und die anderen
sprachlos machen kann*

1. Die Literatur-Ausreden 45
2. Die Ausreden der „Lateiner" 54
3. Zitat-Ausreden und Sprichworte 56
4. Die Ausreden der Bibelfesten 58

5. Sagen und Märchen und geflügelte Worte
   berühmter Schriftsteller 59
6. Die Orakel-Ausreden 64
7. Die Ausreden der Politiker 71
8. Die Ausreden bei Rechenschafts-
   berichten 73

**Kapitel 4: Die Ausreden verschiedener
            Berufsgruppen** 77
Münchhausen und Schwejk lassen grüßen

1. Die Ausreden in Behörden 77
   Man ist nie selbst schuld 77
   Die anderen waren es 77
   Die Umstände haben dazu geführt 83
2. Die Ausreden der Autofahrer 85
3. Die Ausreden der Schwarzfahrer 88
4. Die Ausreden der Sprechstundenhelfe-
   rinnen 90
5. Die Ausreden der Dienstleister 93
6. Die Ausreden in Autowerkstätten 97
7. Die Ausreden in Hotels und Ferien-
   domizilen 99
8. Die Ausreden der Schauspieler 103
9. Die Ausreden der Esoteriker 106

**Kapitel 5: Die Ausreden, die wir gar nicht
            merken** 109
1. Die „Von-Herz-zu-Herz"-Ausreden 109
2. Die Kehrseite der „Von-Herz-zu-Herz"-
   Ausreden 112
3. Die „Ich-kann-ihr/ihm-doch-die-Freude-
   nicht-verderben"-Ausreden 114
4. Die Stille-Post-Ausreden 129
5. Die Liebes-Ausreden 134

6. Die Spiegel-Ausreden 139
7. Die Schmeichel-Ausreden 140

Kapitel 6: Sollen wir Ausreden gebrauchen – ja oder nein? 149

Literaturverzeichnis 157

Stichwortverzeichnis 159

Warum man Ausreden braucht und wie man sie erlernt

„Mit wem hast du telefoniert?"
„Sag ich nicht."
„Wo warst du gestern Abend?"
„Geht dich gar nichts an."
„Schmeckt dir mein Pudding?"
„Nein!"

Wer antwortet auf solche Fragen so deutlich und so unmissverständlich? Ein ehrlicher, wahrhafter, aufrichtiger Mensch? Man wird meistens sagen: „Ein Grobian! Ein Hackklotz – ein bisschen netter könnte man es doch formulieren!"

Und dabei hat der Befragte nur die Wahrheit gesagt! Man will über das Telefonat nicht reden. Ebenso wenig, wie man über den gestrigen Abend ausgefragt werden möchte. Und warum nicht zugeben, dass der Pudding nicht gut war?

Es ist doch alles die Wahrheit, und damit eine Eigenschaft, die stets geschätzt und hoch bewertet wurde.

Stimmt das?

Wenn wir alle immer aussprächen, was wir im Moment denken oder meinen, wäre der Teufel los. Wut, Zorn, Empörung und Beleidigtsein sowie Kränkung, Kummer und Misstrauen ringsumher wären die Folgen.

Und wer will so einen Unfrieden stiften, wo wir alle doch möglichst freundlich, pflegeleicht, liebenswürdig und harmonisch miteinander auskommen möchten – mit Ausnahme der Grobiane, Hackklötze und Wahrheitsfanatiker natürlich. Also haben wir uns einen Vorrat an Antworten zurechtgelegt, die wir unentwegt und ohne die geringsten Skrupel anwenden, um möglichst unauffällig heiklen Situationen auszuweichen. Das berühmteste Beispiel kennen Sie alle. „Wo gehst du denn hin?", fragt die Ehefrau. „Zigaretten holen." Die Tür fällt ins Schloss und der Gatte ist auf Nimmerwiedersehen verschwunden. Was hätte er denn sagen sollen? „Ich steige zur blonden Lilli ins Auto und ab geht die Post." Das ist brutal. Außerdem braucht man dazu den Mut eines Hochseilakrobaten ohne Netz. Und es wäre das Eingeständnis eigener Schuld und hätte unabsehbare Folgen – alles sehr unangenehm.

Also gebraucht man lieber die nette, unverfängliche Antwort, und die ist ja auch ausnahmsweise wahr, wenn man vor dem Einsteigen ins Auto noch schnell am Automaten eine Packung Zigaretten zieht. Haarscharf an der kritischen Kurve vorbei – und das nennt man dann eine Ausrede.

Direkt lügen – nein, das will man nicht. Lügen haben kurze Beine, wer einmal lügt, dem glaubt man nicht – das kennen wir ja alle, schon vor der Schulzeit. Zugegeben, es ist nicht immer leicht, man muss die feinen Unterschiede genau beachten.

„Ich habe alles aufgegessen", sagt der kleine Frank.

„Du hast den Salat in den Mülleiner gekippt, das habe ich doch gesehen! Schäm dich! Wie kann man seine Mutti nur so anlügen!"

„Du hast gestern am Telefon zu Oma gesagt, dass wir sie nicht besuchen können, weil Papa morgen so spät nach Hause kommt. Aber vorher hast du zu Papa gesagt: Am Sonntag machen wir es uns gemütlich und wir erzählen deiner Mutter eben, dass du Überstunden machen musstest."

Und was antwortet die vorbildliche Mutter dem kleinen Frank?

„Na ja, meine Güte, das verstehst du noch nicht. Das war eben eine Ausrede!"

Feine Unterschiede, die man als Kind erst richtig einordnen muss. Aber keine Sorge, das lernt sich spielend schon in den frühen Jahren! Man geht unangenehmen Fragen einfach aus dem Weg und versucht, Seitenpfade einzuschlagen.

„Nein, ich hab die Gummibären nicht genommen! Die hat mir jemand in die Hosentasche gesteckt!"

„Ich weiß nicht, wo die Mark hingefallen ist – vielleicht in den Ausguss! Die war einfach weg."

„Ich hab Uwe kein Bein gestellt – der ist nur ausgerutscht."

Na ja, das ist noch nicht so geschickt. Und weil man so dumm gelogen hat, ist man ein böses Kind und wird gescholten und vielleicht sogar bestraft. Man muss es also gewitzter und schlauer anfangen, um Schelte und Strafe zu vermeiden. Aber wie? Besser schwindeln!

„Ach ja, die Gummibären – ja, da war so ein komischer Mann hinter mir im Kaufhaus, der hat mir die Gummibären in die Tasche gesteckt und geschenkt – ja, echt, der war ganz nett, der Mann!" Damit hat der kleine Frank die absolut richtige Taktik der gelungenen Ausrede angewendet. Na, Köpfchen, man sieht ja genug Porno-Krimis über solche Männer!

1. Ich war es nicht – ein anderer war es.
2. Die Gedanken der Mutter sind auf eine falsche Spur gelenkt worden: Ein fremder Mann – ein netter Mann – schenkt meinem Kind Gummibären – was wollte er damit?

Und nun kommt allenfalls wieder die Belehrung: „Du sollst doch nichts von fremden Leuten annehmen! Unlängst im Fernsehen hast du doch gesehen, wie gefährlich das ist!"

Der Junge hat ganz eindeutig gestohlen und gelogen. Das ist eigentlich kriminell. Und dazu noch der Mutter Angst gemacht – schon ziemlich mies. Hoffentlich – und meistens ist das bei Kindern noch der Fall – wird sein Schwindeln das nächste Mal erkannt und entsprechend bestraft. Die eingeschlagene Fensterscheibe, der verloren gegangene Schal, der vergessene Schirm in der Bahn, die Scherben der runtergestoßenen Kaffeekanne, der Bluterguss am Arm der verprügelten Schwester – diese Lügen haben wirklich noch kurze Beine. In solchen Fällen wird von Kindern nämlich eine so faustdicke Unwahrheit gesagt oder eine völlig irrsinnige Behauptung aufgestellt, dass jegliche Diskussion über die Angelegenheit sofort im Ansatz erstickt wird.

„Ich weiß nicht, da hat es plötzlich geklirrt und ich war doch gar nicht im Zimmer und da ist die Kanne von selbst heruntergefallen ..."

„Ich habe Susi gar nicht gehauen, die heult ja bloß, weil sie sich gestoßen hat und damit ich bestraft werde ..."

„Da war so ein Gedränge in der U-Bahn und ich musste doch aussteigen – weiß auch nicht, wer den Schal genommen hat ..."

Das Kind lügt. Wohlwollend ausgedrückt: Es schwindelt was zusammen. Es hat noch nicht die feine Brücke spitzgekriegt, die eine Lüge zu einer Ausrede macht. Die feine Brücke heißt: *Es könnte sogar stimmen!* Stimmt zwar nur in den seltensten Fällen, aber die kleine Hintertür ist offen.

Kennen Sie das: „Ich muss jetzt leider Schluss machen, Tante Lilo, aber es war furchtbar nett, wieder von dir zu hören. Ich hab einen Termin und muss die Bahn kriegen – nein, natürlich hast du nicht gestört, ich bin nur spät dran." In Wahrheit heißt das: „Die ödet mich an mit ihrem Geschnatter, ich weiß schon gar nicht mehr, wie ich die alte Zimtzicke los werde, 20 Minuten!" Das sind die beliebtesten, gängigsten Ausreden: Ich muss zum Arzt, Friseur, eine Bahn kriegen. Ich muss das Auto holen – erwarte Besuch – das Essen steht gerade auf dem Tisch. – Das sind keine Lügen! Nein, das sind Ausreden! Wenn Tante Lilo das wirklich glaubt, wird sie langsam senil. Aber meistens weiß sie: Aha, die Nichte will Schluss machen, hat keine Zeit oder keine Lust.

Je unwichtiger das Gespräch ist, umso leichter und müheloser werden die Ausreden benutzt und ebenso gleichgültig und gedankenlos akzeptiert und erwidert.

Wir kennen nun verschiedene Bereiche, in denen wir – fast immer, ohne es zu merken – Ausreden benutzen.

Lassen Sie uns einige davon unter die Lupe nehmen.

Kapitel 1

Die Blickpunkt-Ausreden

**Die alltäglichen Umgangsformen:
miteinander reden, ohne zu lügen**

Die Blickpunkt-Ausreden sind keine Lüge, nicht mal eine Schwindelei – man hat eben einen anderen Blickpunkt. Oder einen anderen Standpunkt, eine andere Meinung. Und sie enthalten meistens ein Körnchen Wahrheit, Übrigens fast immer in positiver Tendenz: schmeichelnd, beschwichtigend, beschönigend, zustimmend, tröstend.

Die Blickpunkt-Ausreden gehören zu den Umgangsformen, den Begegnungen, die wir als Erwachsene lernen und befolgen. Man braucht übrigens keine spezielle Anleitung dazu. Fast alle Leute eignen sich diese so genannte „zwischenmenschliche Kommunikation" ohne Schwierigkeiten an. Man echauffiert sich dabei nicht und tut keinem weh. Aber vor allem: Diese Blickpunkt-Ausreden sind ein unerlässlicher und sehr notwendiger Selbstschutz! Wenn wir uns so oder so verhalten, haben wir eine nette kleine Tarnkappe auf, die unseren echten momentanen Zustand verbirgt.

Muss ja auch keiner gleich merken, dass ich heute miese Laune habe, weil der Ehemann mich so wütend gemacht hat! Muss ja auch keiner gleich merken, dass ich im Beruf gerade eine Schlappe zu verkraften habe!

Muss ja auch keiner gleich merken, dass ich ganz fahrig und zittrig bin vor Aufregung, weil ich mich morgen mit dem Kollegen von nebenan treffe und mir schon ganz schwindelig wird vor Entzücken nur vom Daran-Denken! Die ablenkenden Blickpunkt-Ausreden schaffen eine unverbindliche und angenehme Atmosphäre und schützen meine blanke Haut wie ein Handschuh. Man gibt sich und seinen wahren Gefühlen und Meinungen keine Blöße.

Bitte beachten Sie:

Natürlich verwenden wir all diese belanglosen Ausreden, um unseren momentanen Zustand – Gleichgültigkeit, Vergesslichkeit oder Unsicherheit – zu kaschieren. Aber ein Hauptgewicht ruht eben auch auf dem unbewussten Bollwerk: Bloß keine Auseinandersetzung! Bloß keine tief schürfende Meinung äußern! Bloß kein Urteil abgeben! Bloß keine Fragen stellen oder gar entscheidende Antworten geben müssen!

Wir schlängeln uns mit den Blickpunkt-Ausreden um all diese Probleme herum. Oft haben wir einfach keine Lust. Oft haben wir einfach keinen Mut. Meistens aber wollen wir diese Personen gar nicht näher in unsere Privatsphäre hereinlassen! Und die ihre interessiert uns auch nicht.

So haben wir überall die kunstvollen Netze der Konversation ausgespannt. Ein bisschen variiert das Niveau – vielleicht bei den Rotariern oder einem diplomatischen Empfang im Gegensatz zum Abendtreff in „Charly's Ecke" oder beim Dämmerschoppen „Zur Tante Frieda". Aber der Unterschied ist nur im Ton und bei der Wortwahl zu spüren.

Ich war vor Jahren einmal bei einem Mittagessen der Rotarier, einfach und unaufwändig sollte es sein, die Kinder der Mitglieder hatten die Bewirtung übernommen und füllten uns die Teller mit Hausmacher-Kartoffelsuppe. Die Doktor- und Professorentitel waren in der Überzahl und auch der Wagenpark vor dem Gasthof war äußerst repräsentativ. Die Unterhaltung war lebhaft und gepflegt. Hinterher fiel mir wieder der alte Witz von dem Paris-Besucher ein, der nach seinen amourösen Erlebnissen auf der verruchten Place Pigalle gefragt wurde. Und er sagte: „Ja ... na ja ... da war es schließlich doch genauso wie in Dingolfing."

Wie in Dingolfing war auch die Unterhaltung der elitären Rotarier – Kinder, Krankheit, Reisen, Beruf. Ein bestimmtes Umfeld ist prägend für unsere unverbindlich freundlichen verbalen Streicheleinheiten. Wir begegnen einander mit meistens beschönigenden Ausreden – und wir trennen uns wieder ohne Eindruck, aber auch ohne einen Druck.

Wir haben uns für die verschiedensten Lebenslagen einen Vorrat an immer wiederkehrenden Redewendungen zurechtgelegt, die wir mühelos parat haben, wenn wieder so eine ähnliche Situation eintritt. Die Wortwahl und die entsprechenden Sätze sind dem jeweiligen sozialen oder gesellschaftlichen Umfeld angepasst. Da gehört man hinein, da spricht man die gleiche Sprache, die anderen verstehen, wie es gemeint ist. Man plätschert im selben Fahrwasser. Oft ist es auch eine Generationsfärbung, die den Grundton angibt.

Eine Gruppe ganz junger Menschen wird von einem bestimmten Gesprächs- und Begrüßungsmuster geprägt sein. Schon ein Treffen von Kommilitonen in der Mensa, auf dem Campus, bei Seminaren wird von völlig unterschiedlichen Gesprächsfetzen oder Floskeln diktiert und unterscheidet sich gravierend etwa vom Wochenstammtisch in einer kleineren Stadt.

Wir lernen die uns vertrauten Begrenzungen unserer Wortwahl, unserer Interessen altersgemäß bereits im Kindergarten und in der Schule. In den verschiedenen Berufsausbildungen wachsen wir dann in ein Umfeld hinein, das uns von unserer Bildung, unserem finanziellen und gesellschaftlichen Status her vertraut ist.

Innerhalb der gleichen Altersgruppe werden in der Kindheit und Schule kaum Ausreden verwendet. Wohlgemerkt – Ausreden! Man benutzt die rüde Fäkaliensprache, um etwas anzuprangern oder auch sich selbst zu verteidigen – völlig ungeniert. Das ist toll und das machen alle.

„Mann, der Arsch hat mich angeschissen, also so was! Dem sollte man in die Eier treten, so 'ne Scheiße!" Und in dieser Tonart geht es lautstark und munter weiter – in der U-Bahn, im Bus, auf der Straße. Der Wortschatz ist auf ein Minimum reduziert. Und auch im kumpelhaft deftigen Freundschaftston wird nicht zimperlich verfahren. „Mann, du bist echt blöd! Ist doch Kacke, was du da gesagt hast! Idiotisch! Du kriegst gleich eine geknallt, wenn du so was nochmal machst. Du kotzt mich an, echt!" Ausreden braucht man noch nicht – nicht unter seinesgleichen!

Für Erwachsene ist es verblüffend, dass diese Angriffe oder Beschuldigungen einhergehen mit Geknuffe, Stoßen, Boxen untereinander, mit Kreischen und Lachen. Bei Mädchen oft mit hysterischem Gekicher und Geschrei, bei Jungen mit angeberischem Brüllen und Lärm verbunden. Dieses „Ihr geht uns alle nichts an", „Wir sind die Größten" schließt alle anderen aus. Die unartikulierten Sprachfetzen, das dauernde Wiederholen der Schlagworte, das rüde Benehmen ist für die Umwelt unverständlich. Eltern wappnen sich in dieser Phase ihrer Kinder mit Geduld und hoffen, dass sie bald vorbeigeht.

Einzeln oder in der Familie sind diese Jugendlichen sehr viel umgänglicher, in der Gruppe eine bellende Meute. Man bemüht sich weder um Erklärungen noch um Entschuldigungen oder gar Ausreden. Die hebt man sich noch einige Zeit für diejenigen auf, die die Macht haben: Lehrer und Ausbilder, oder für die, die Geld geben: Eltern und Verwandte.

Nun wird man erwachsen, hat Familie, einen Beruf und natürlich gewisse gesellschaftliche Verpflichtungen.

Wie gehen wir damit um?

Ein Foyer, eine Versammlung, ein Vortrag, Räume, in denen Menschen zufällig zusammentreffen, sind geradezu Brutstätten für Ausreden und Flunkereien. Jeder macht mit, jeder weiß es, jeder schwindelt nach Herzenslust und keiner fürchtet eventuelle Folgen. „Wie schön, dich zu sehen! Ich wollte dich schon die ganze Zeit anrufen, aber immer kam was dazwischen!" „Fein, dass es Ihnen wieder besser geht, ich habe so oft an Sie gedacht!" „Ich war länger weg, sonst hätte ich mich gemeldet! Und der Trubel mit der Familie, das kennen Sie ja auch!" „Und es ist heute wieder ein so gelungenes Fest! Alles so schön arrangiert! Man hat sich solche Mühe gegeben!"

Sagt da einer die Wahrheit? Kaum. Aber alle bezwecken damit das Gleiche: rundum angenehmes Stimmengeplätscher, verbale Streicheleinheiten, wohliges Nackenkraulen. Und ehe man gefragt wird und antworten muss, haben wir alle so nette Ausreden parat. Würden wir alle lächelnd nicken und Trallala, Ruckedigu oder Doremifasolasido sagen – es wäre fast dasselbe. Das ist die gängige und vertraute Form, Gewissensfragen zu umgehen oder Wahrheiten auszuweichen, die dann oft heißen müssten: „Gott, ist das langweilig! Wieder die blöde Meier dabei!"

„Wer ist denn die Person – kenn ich die – ja, aber woher?"

„Waren Sie nicht krank? Krebs? Wirbelsäule? Na, egal, vergesse ich sowieso!"

„Hoffentlich können wir bald gehen und das Gelaber hier ist zu Ende!"

Kurze Zeit später wissen alle nicht mehr, wie munter ihnen die liebenswürdigen Unwahrheiten über die Lippen perlten.

Besonders erfindungsreich sind die Teilnehmer an künstlerischen Veranstaltungen wie Premieren, Festgalen und Ehrungen. Was sagen Sie aber auch zu den Schauspielern und Sängern, die Sie eigentlich mies fanden, die Ihnen aber strahlend und erwartungsfroh entgegentreten?! Hier wird es schon schwieriger und diffiziler! Aber Kollegen und vor allem Kolleginnen haben da eine Perfektion entwickelt, um die Wahrheit zu verschleiern: „Elvira! Du hast hinreißend ausgesehen in dem roten Kleid – einfach umwerfend! Und es stand dir so gut – ich konnte mich nicht satt sehen! Und es passte so schön zu deinen Haaren!" Oder: „Karl-Anton! Du warst einfach wieder *die Erscheinung*! Eine Ausstrahlung – ein Flair – unverwechselbar! Das Stück sonst ... Du verstehst, was ich meine ... da brauche ich mich nicht näher zu äußern! Aber du – wie gesagt ..." Denn unausgesprochen steht bei so einer Premiere oder einer Feier in so erwartungsfroher Atmosphäre die Frage im Raum: Wie war ich? War ich gut?

So kann man das Umgehen dieser Antworten als Ausreden mit rosaroter Brille bezeichnen. Sie gehören zu den Blickpunkt-Ausreden.

Von diesen allgemeinen Blickpunkt-Ausreden ist es ein kleiner Schritt zu den Ausreden im direkten Gespräch – besonders im Familien- und Freundeskreis. Hier werden Sie fast immer feststellen, dass man kleine Schönheitsfehler gern wegretuschiert. Je älter die Menschen werden, umso stärker ist das Bedürfnis, die Zugehörigkeit zu Kindern, Enkeln oder näheren Verwandten zu betonen.

1. Familienberichte

Familienberichte – besonders von Festtagen – werden von ihrer besten Seite wiedergegeben. Der oft rührende Wunsch, zu erzählen, wie beliebt man noch ist, lässt dann solche Feiern in besonderem Glanz erstrahlen. Nicht, dass man andere neidisch machen will, nein, man möchte nur zeigen, wie gut man es mit den eigenen Kindern getroffen hat. Geburtstage und Weihnachten, Ostern oder Muttertag sind daher häufig für die Angehörigen eine moralische Verpflichtung, der mehr oder weniger gern nachgekommen wird. Aber es wird ja so erwartet ...

Mir ist lebhaft in Erinnerung, wie außer sich und fast ratlos meine Mutter war, dass in irgendeinem Jahr eine Reise meines Bruders und eine andere von mir genau um den Muttertag herum geplant waren. Da unsere Besuche sonst sehr regelmäßig und häufig stattfanden, konnte ich ihren Kummer gar nicht verstehen. „Aber das kommt doch nicht auf das Datum an! Ich besuche dich doch vorher und bald hinterher", versuchte ich sie zu beschwichtigen. Es gelang mir nicht. „Gerade am Muttertag! Wo alle immer sagen: Du hast so liebe Kinder! Was werden die denken, wenn ausgerechnet am Muttertag keiner zu mir kommt!"

Mein Mann schlug beruhigend vor: „Sag doch einfach, der Schwiegersohn war es. Der hat die Reise gebucht!"

Später erfuhr ich – vertraulich – von einer guten Bekannten meiner Mutter: „Ich weiß ja, *Sie* wären natürlich am Muttertag da gewesen. Aber ein Schwiegersohn ... na ja, der denkt halt nicht wie eine Tochter!"

Soll ich Ihnen etwas gestehen? Ich habe diese Ausrede nicht dementiert. Das ungetrübte Bild der Kinder wollte sie von all ihren Freundinnen nicht angezweifelt sehen. Und so wird eine momentane Ausrede nahtlos in das Lebensbild eingeflochten.

Auch solche Schilderungen kennen Sie:

„Das Hotel, das die Kinder ausgesucht haben, war eigentlich sehr hübsch – bisschen zu laut, aber die Busse vor der Tür, da konnte man alle Ziele leicht erreichen. Und bei dem Nieselwetter der letzten Woche ganz angenehm – und die Kinder mussten ja auch nach dem Wochenende gleich wieder weg ..."

Die Blickpunkt-Ausrede will den Eindruck erwecken: Die Kinder meinen es doch so gut! Man scheut oder schämt sich die Wahrheit zu sagen. Die könnte lauten: „Ein lautes, recht lieblos ausgesuchtes Hotel, möglichst preiswert. Das Wetter war scheußlich, dauernd musste man mit dem Bus fahren, und die Kinder waren nicht vier, sondern nur zwei Tage da."

Aber das ist ein hässlicher Blickpunkt. Nein, man sieht es anders. Das Glas ist noch halb voll.

2. Urlaubsberichte

Urlaubsberichte beherzigen meist getreulich den dauernd eingebläuten Werbeslogan: Die schönsten Wochen des Jahres! Alle schwärmen von diesen Tagen.

Also musste es schön gewesen sein. „Der Kurs war recht teuer, aber das wusste ich – es wurde ja auch so viel geboten, innere Einkehr und Selbstbesinnung, Trance und Reiki und so was … Für mich war alles neu, leider oft in Englisch, das war nicht leicht zu verstehen – aber so was muss man ja auch mal mitmachen, ich bereue das nicht … ein ganz neues Erlebnis!"

Wer genau hinhört, merkt die Einschränkungen. Aber man will ja positiv denken! Und schließlich erlebt nicht jeder so einen ungewöhnlichen Urlaub. Da kann nicht alles Friede, Freude, Eierkuchen sein.

Oder vielleicht so:

„Also Umbrien war toll, richtig toll! Einmal hatten wir sogar ein 5-Sterne-Hotel mit riesigem Schwimmbad. Na ja, das war zwar noch nicht auf, weil es zu kühl war. Aber auch toll das Essen! Und der Chianti! Ja, die Kunstwerke waren auch super, so viele Kirchen, die Namen kann man gar nicht behalten! Und die Maler! Alles wurde uns ja stundenlang ausführlich beschrieben vom Reiseleiter. Bei so 'ner Studienreise soll man ja auch was mitbekommen. Das ist schon sehr anstrengend, jeden Tag eine andere Stadt. Aber doch echt toll alles, wirklich!"

Glücklicherweise hat das Gedächtnis meist alle positiven Eindrücke parat. Man will auf keinen Fall zugeben, dass es eigentlich eine Strapaze war und die vielen Madonnen und Heiligen ja doch alle recht gleich aussahen. Man hatte schon gar nicht mehr zugehört, wann all die italienischen Maler mit den schwierigen Namen gelebt haben. Nein, so kann man das nicht sehen. Alle Leute, die schon mal in Umbrien waren, haben auch begeistert davon erzählt.

Die Blickpunkt-Ausreden von Reisen und Urlauben sind besonders häufig. Man scheut sich zuzugeben, dass die Kunstbegeisterung unserer Bekannten uns nicht ergriffen hat oder dass die Folklore der alten Klöster und verwinkelten Gassen ziemlich armselig und verwahrlost wirkte. Und dauernd diese kaputten Säulen und Mauerreste bei den Ausgrabungen – was finden die Leute nur daran? Und so fällt man lieber nicht aus dem Rahmen der allgemeinen Bildung und Begeisterung. Wenn es doch alle so loben ... In der Rückschau ist der Urlaub gelungen und man ist bald selbst überzeugt: Der war echt toll!

3. Geschäftsberichte

Bei Anschaffungen und Käufen sind die Blickpunkt-Ausreden ein zusätzlicher Selbstschutz.

„Das war absolut günstig, 10.000 für die alte Karre! Na ja, zuerst hieß es 14.000, aber die Leute nehmen immer den Mund zu voll, und dann ist im Endeffekt doch nicht so viel drin. Die Reifen waren ja auch nicht mehr 1a, und er hat gar nicht gemerkt, dass die linke Tür ein bisschen klemmt, haha – ein Glück, dass ich den Wagen los bin. Der Müller hat auch gesagt, 10.000 wäre noch ein Schnäppchen, und der versteht was von Autos!"

Da werden mit leicht gefärbten Ausreden Blößen verdeckt, die man nicht jedem zeigen will. Mich hat man nicht übers Ohr gehauen! Bei diesen Argumenten fällt es besonders leicht, mit der Zeit selbst daran zu glauben, wenn man sie nur oft genug und überall erwähnt und wiederholt.

„Ich sag ja immer, Holzauge, sei wachsam! Mir kann der Hauswirt doch damit nicht dumm kommen! Hab mich vorher schlau gemacht. Ja, natürlich muss ich renovieren – das weiß ich auch! Aber wie – das entscheide ich! Soll der doch dann klagen – von mir kriegt er keinen roten Heller obendrauf. Soll er seinen Maler nur bestellen – ich weiß schon, was ich dann machen werde!"

Und Wochen später:

„Ich hatte es einfach satt – meine Güte! Hab ich eben noch alle Türen machen lassen – war ja *ein* Aufwaschen. Und mit dem Maler stand ich ja so gut ... Du verstehst, was ich sagen will, haha! Die paar Mäuse mehr – trifft ja zum Glück keinen Armen!"

Je mehr man darüber spricht, umso glatter und glaubhafter die Worte. Im Endeffekt – hat man nicht sogar ein Schnäppchen gemacht?

Vertrauten Menschen wird man vielleicht die Wahrheit sagen. Die Blickpunkt-Ausreden sind uns allen geläufig. Meistens merken wir sie gar nicht. Die anderen umso häufiger. Aber da es alle machen, kommt niemand auf die Idee, dies als Ausreden zu bezeichnen.

Bitte beachten Sie:

Es gibt glückliche Naturen, die fast immer und ohne Arg stets eine rosarote Brille tragen. Es schält sich einfach das Positive heraus. Das Glas ist eben halb voll.

Die Umwelt schwankt ein bisschen in ihrer Meinung: Für die einen sind sie beneidenswert sonnige Frohnaturen – für die anderen hoffnungslos blauäugige Dummis. – Auch da kommt es auf den Blick-Punkt an!

4. Die barmherzigen Lügen

Die barmherzige Ausrede: Was man sagen sollte und was man besser verschweigt

Hier liegen viele schwere Konflikte an der Schmerzgrenze. Was soll man beispielsweise jemandem sagen, der schwer erkrankt ist, und was einem Menschen, dessen Ableben bevorsteht?

Viele Jahrhunderte hindurch gab es die Tröstung des Glaubens und die Verheißung auf himmlische Erlösung. Wird dies mit Überzeugung ausgesprochen und mit ebensolcher innerer Überzeugung angenommen, bedarf es keiner anderen Worte. Doch unsere westliche Zivilisation hat in vielen Jahrzehnten in diesem Punkt eine große Veränderung erfahren. Lange Lebensdauer, medizinische Kenntnisse, um sich greifende Glaubenszweifel stellen Angehörige, Freunde, Behandelnde immer intensiver vor die Frage: Sage ich die Wahrheit – sage ich eine Teilwahrheit – oder wähle ich die Lüge?

Eine rasant anwachsende Literatur befasst sich mit diesem Konflikt. Es ist unendlich schwer, hier die richtige Entscheidung zu treffen. Vor Jahren las ich eine Notiz, die mich sehr beeindruckte. Theodor Storm litt in seinen letzten Lebensjahren an schweren Magenkrämpfen und Schmerzen. Zuletzt wussten die engsten Angehörigen, dass es für den Darmkrebs keine Heilungs- und Überlebenschancen gab. Man betreute den Kranken liebevoll und wies immer wieder darauf hin, dass die so lästigen Magenbeschwerden bei guter Pflege eines Tages vorüber sein würden.

In dieser Zeit schrieb Storm sein wohl bedeutendstes Werk „Der Schimmelreiter", besessen und zutiefst auf seine Arbeit konzentriert. Er konnte die Novelle trotz aller Schmerzen beenden. Ob es die aufopfernde Pflege war, die Hoffnung, dass sein Leiden enden würde? Oder berührte ihn das bis zuletzt durchgehaltene Verschweigen der bösen Wahrheit, diese barmherzige Lüge so sehr, dass ungeahnte Schöpferkräfte geweckt und aktiviert wurden? Dass es sein unausgesprochener Dank und seine Gemütsbewegung über so viel Liebe waren, die ihn beflügelten und über die Todesangst hinauswachsen ließen? Mir scheint die zweite Möglichkeit für einen schöpferischen Menschen wahrscheinlicher. Die Wahrheit hat man übrigens nie erfahren.

Barmherzige Lügen – wie man auch zu ihnen steht – haben mit Ausreden nicht das Geringste zu tun.

Eine der schwersten Aufgaben ist es – und wir kommen alle einmal in eine solche Situation –, einen Trauernden zu trösten. Was soll man da sagen?

Sie wissen, wie nahe liegend die Worte sind: Gott hat ihn zu sich genommen, er hat jetzt seinen Frieden im Herrn. – Er wird immer um dich sein und dir zur Seite stehen. – Er ist ja stets bei dir, so wie Gott bei dir ist.

Glaubensstarke Menschen finden in diesen Verheißungen Trost und Halt. Weniger religiös Verwurzelte können im ersten Schmerz in solchen Worten eine Linderung, eine Hilfe erfahren. Wenn Sie selbst aber an solche göttliche Verbindungen nicht glauben, sprechen Sie diese Sätze aus Verlegenheit und weil es alle sagen und es überall geschrieben steht, *nicht nach!* Sie können sagen: Es ist eine Gnade, dass er von den Schmerzen erlöst wurde. Oder: Es ist eine Gnade, dass er so ohne Schmerzen hinübergegangen ist. Wo Sie das *nicht* sagen können, schweigen Sie, umarmen Sie den Verzweifelten, weinen Sie mit ihm und zeigen Sie stumm Ihr Mitgefühl und Ihr Dabeisein.

Burschikose Naturen überbrücken oft ihre Betroffenheit mit Schlagworten: „Wir müssen alle mal dran glauben!"

„Es trifft halt jeden!"

„Das Leben geht auch wieder weiter, was soll's!"

„Es sind eben immer die Besten, die ins Gras beißen!"

„Wir sind ja auch noch für dich da! Die Zeit heilt alle Wunden – das haben wir selbst erlebt!"

Das sind die „Harte Schale-weicher Kern"-Ausreden vor der eigenen Rührung. Bitte versuchen Sie es lieber mit Schulterklopfen oder Schnäuzen, Abwenden oder Räuspern. Das ist in einem solchen Fall *die beste Ausrede vor eigenen Gefühlen – eine Ausrede ohne Rede, sondern mit Schweigen.*

An der Grenze liegen aber zahlreiche andere Abweichungen vor der Wahrheit. Jemand war lange krank. Wir besuchen ihn im Krankenhaus.

„Meine Güte, das ist ja furchtbar, was sie mit dir gemacht haben! Du siehst ja gottserbärmlich aus!"

Nein, das geht nicht.

„Du siehst ja fabelhaft aus, doch, wirklich! Hast dich wunderbar erholt, toller Fortschritt!"

Das bekommt man nicht über die Lippen. Bleiben Sie also an der Grenze der Wahrheit. Das ist glaubhaft für den Betroffenen und vertretbar für Sie selbst.

„Also heute geht es dir sichtlich wohler als bei meinem letzten Besuch. Und du kannst wieder allein essen, das ist doch ein großer Fortschritt. Deine Stimme klingt auch klarer – und wenn ich dich so anschaue ... ich meine, dass deine Augen munterer blicken!"

Oder: „Ich hatte wirklich etwas Bange vor dem Besuch, aber jetzt bin ich ganz froh. Farbe hast du auch schon! Und wenn du erst wieder an die Luft darfst ..." Halten Sie sich an kleine Hoffnungszeichen – die können Sie nämlich leichter etwas aufbauschen und übertreiben.

Aber:
Vermeiden Sie bei den ersten Besuchen im Krankenhaus möglichst die Kritik an Ärzten und Schwestern.

Zum Beispiel Frau A.:
„Also die waren so frech am Telefon. Ob ich wirklich deine Schwester bin! Geht die doch gar nichts an! Einen Ton haben die hier! Gefällt mir gar nicht!"

Oder zum Beispiel Frau B.:
„Der Stationsarzt scheint ja ein arroganter Kerl zu sein! Hat mich gar nicht gegrüßt, sondern nur angeblafft: Besuchszeit ist erst um 15 Uhr! Meine Güte, die halbe Stunde! Unangenehmer Typ!"

Oder zum Beispiel Frau C.:
„Sind ja alles Ausländer, die Schwestern hier! Können gar nicht richtig Deutsch! Also, ob die so alles verstehen, was sie machen sollen? Ich wäre da sehr vorsichtig mit Pillen und Spritzen und so!"

Selbst wenn Sie Recht hätten – der Patient ist in einer hilflosen Lage. Er kann sich nicht wehren und ist auf all die Pflegekräfte angewiesen. Er muss Vertrauen haben. Sie sollten vor allem zu Beginn eines Krankenhausaufenthalts bei dem Patienten all diese Negativpunkte in Ihrem Urteil vermeiden!

Zum Beispiel Frau A.:
„Hat ein bisschen gedauert. Aber man ist eben hier sehr vorsichtig, wenn sie jemand nicht kennen. Ist ja auch besser so – sie wollten schon am Telefon genau wissen, ob ich wirklich deine Schwester bin! Na, jetzt

haben sie's gesehen und gleich festgestellt, dass die große Schwester der kleinen so ähnlich sieht!"
Zum Beispiel Frau B.:
„Ich war zu früh da – aber der Stationsarzt hat es mir jetzt gesagt, und in Zukunft halt ich mich an die Besuchszeiten. In so einem großen Komplex muss halt alles seine Ordnung haben."

Zum Beispiel Frau C.:
„Die eine kleine Schwester, die Dunkelhäutige, spricht aber schon sehr gut Deutsch. Ich hab jedenfalls alles verstanden, was sie gesagt hat. Man hat den Eindruck, dass sie sehr versiert ist in ihrem Beruf und zuverlässig alle Anordnungen ausführt."

Bitte beachten Sie:

Gerade in solchen Situationen kommt es auf die richtigen Worte an. Es empfiehlt sich vor Krankenbesuchen innerlich die Einstellung: Ich will dem Patienten ohne falsche positive Übertreibungen entgegengehen! Die Kranken merken nämlich die Lügen, ja selbst die dicken Ausreden und werden nur mehr verängstigt.

Da sich selbst spontane und laute Menschen bei einer Krankenvisite etwas zurücknehmen und unwillkürlich leiser und sanfter sind, wägen Sie bitte Ihre Worte ab, machen Sie größere Pausen, vermeiden Sie unbedachte Ausrufe „Ist das hier eng! Meine Güte, drei in einem Zimmer! Und keine Toilette! Ist ja schrecklich!" Oder Ähnliches. Dann ersparen Sie sich die Ausreden hinterher:

„Na ja, also – so eng ist es ja auch wieder nicht – vielleicht kriegst du bald ein Zweibettzimmer – und hoffentlich mit Toilette!"

4. Die barmherzigen Lügen

Es kann eine Hilfe sein, wenn man sich vor dem Anklopfen und Eintreten in das Zimmer innerlich fest vornimmt: „Ich werde nicht erschrecken! Ich will nicht zeigen, dass ich verzweifelt darüber bin, wie der Kranke aussieht!"

Eine sehr gute Angewohnheit ist es, schon bevor man eintritt, mit geschlossenen Lippen zu lächeln. Es empfiehlt sich sowieso immer und in allen schwierigen Lebenslagen, diese kleine Schutzvorrichtung zu treffen. Sie können dies auch eine „mimische Ausrede" nennen.

Probieren Sie dies einige Male vor dem Spiegel: Sie lächeln leicht mit geschlossenen Lippen. Das ist kein Grinsen! Sie werden merken, Ihr Gesicht wird entspannter, die Augen größer, klarer und ruhiger. Und die Stimme und die Worte passen sich ohne Krampf diesem Ausdruck an. Denken Sie doch zusätzlich noch dabei: „Ich bin froh, dass ich hier bin und dich besuchen kann. Ich werde dir Mut zusprechen."

Sich erschrocken abzuwenden oder gar zu weinen, wird vom Kranken registriert – und mit keiner Ausrede können Sie diesen spontanen Schock wegwischen. Gerade in solchen Augenblicken gilt vorher die unbedingte Einstellung: Das Glas ist noch halb voll!

Kapitel 2

Die Umgehungs- und Floskel-Ausreden

1. Das Wiedersehen nach langer Zeit

Bei oft peinlichen Überraschungsmomenten eines Wiedersehens sagen Sie möglichst nie: „Was, du bist die Gisela? Meine Güte, ich hätte dich nie wieder erkannt! Hast du dich verändert!"

Diese Aussage ist sehr schlecht, denn Gisela nimmt sofort an, dass dies ein vernichtend negatives Urteil über sie ist.

Eine recht bissige Kollegin pflegte mich nach längerer Abwesenheit stets mit den Worten zu begrüßen: „Sie sind voller geworden, wie ich sehe. Aber es steht Ihnen!" Und das bei meinem ständigen Zweikampf mit der Waage! Und es ärgerte mich jedes Mal!

Nehmen Sie eine positive Ausrede, wenn Sie sich schon äußern müssen.

„Das Kleid macht eine tolle Figur – oh, du bist ja auch schlanker geworden!" Oder: „Weißt du, warum ich plötzlich so unsicher war, als ich dich wieder sah? Ich hatte dich ganz blond in Erinnerung – bist du aber gar nicht! Oder nicht mehr?"

Mit so einem kleinen Schlenker umgehen Sie die fatale Wahrheit, dass sich die gleichaltrige Klassenkameradin zu ihrem Nachteil verändert hat. Bitte sagen Sie nicht: „Meine Güte, sind wir alt geworden! Jaja, der Zahn der Zeit hat an uns genagt!" Die Freundin hört nur: „*Du* bist alt geworden, der Zahn der Zeit hat an *dir* genagt!"

Oder: „Wie lange ist das her, dass wir Abitur gemacht haben? 40 Jahre – nein 42! Und ich war noch ein Jahr jünger als du!" Wenn Umstehende dabei zuhören, kann das fatal sein. Wissen Sie, ob die Klassenkameradin sich nicht etwas jünger gemacht hat oder über ihr Alter möglichst schweigt? Oft aus beruflichen Gründen! Und wie viele Frauen und Männer sind heute geliftet, Trimm-dich-gestählt – Fitness versprühend!

Künstlerinnen pflegten früher immer die Jahre herunterzumogeln – sehr geschickt übrigens. Oder die Altersfrage zu umgehen. Die heutige Indiskretion, bei den Namen stets die Jahreszahl dahinter zu schreiben, ist lächerlich und höchst überflüssig. Bei ganz berühmten Stars, die oft sehr viel für ihr Aussehen getan haben, ist es ab 60 und mehr dann ein fragwürdiges Kompliment: „Toll, wie die oder der heute noch aussehen!"

Andere – auch bekannte – Künstlerinnen tauchen dann so ab 55 und mehr in der Öffentlichkeit unter und werden oft erst mit dem 70., 80. Geburtstag geehrt.

Ich fand eine Antwort, die ich gehört habe, recht witzig und gut. Gefragt, wie alt sie sei, lächelte die Dame. „Sie können bei der 60 hinauf- oder hinuntergehen – wie es Ihnen beliebt." Was würden Sie darauf antworten?!

Sehen Sie, so schnell schaltet keiner! Der so direkt Fragende muss im Geiste einen Moment überlegen „Ja... was denn nun? Rauf heißt: Sie ist noch nicht ...

Hinunter hieße ... na ja, zwei, drei Jahre mehr?" In dieser kleinen Denkpause gehen Sie schnell und locker mit einer ablenkenden Frage, einem anderen Thema weiter. Der Neugierige wird bestimmt nicht gleich nachhaken!

Natürlich können Sie sagen: „Das geht Sie gar nichts an!" Aber das ist nicht sehr charmant.

„Man ist so alt, wie man sich fühlt", ist zu abgegriffen und daher nicht zu empfehlen.

Ebenso wenig wie „Na, raten Sie mal!" oder „Was schätzen Sie denn?"

Weg von den Fakten und Zahlen! Lügen wollen Sie doch nicht!

Am besten eignet sich auch hier die Verunsicherung der Partner. Männer reiferen Alters können lächelnd kontern: „20 Jahre alt und noch nichts für die Unsterblichkeit getan! – das ist ein Weilchen her. Inzwischen habe ich meinen Beitrag geleistet!" Und gleich selbst ein anderes Thema anschlagen! (Das Wort spricht Don Carlos von Schiller)

Oder als Frau: „Die süßen 17 überlasse ich anderen – für die würdigen 71 lasse ich mir noch viel Zeit!"

Auch hier: Sofort etwas Neues erzählen.

Legen Sie sich ein paar solcher Umgehungs- und Floskel-Ausreden zurecht vor Klassentreffen, Vereinsjubiläen, runden Geburtstagen. Termine, an denen man sich selten sieht.

Bei diesen Gelegenheiten werden sehr häufig ähnliche Fragen gestellt oder gleiche Bemerkungen gemacht.

2. Hilfe – ich habe den Namen vergessen!

Ein weiterer Fallstrick: Häufig hat man den Namen vergessen. Wie umschifft man solche Situationen? Sehr gebräuchlich, aber nicht unbedingt empfehlenswert: „Oh, mein Gedächtnis! Jetzt weiß ich doch wirklich Ihren Namen nicht mehr! Jaja, so fängt es an, Alzheimer lässt grüßen!" Glatter und unverfänglicher ist ein freundliches, vertrautes Lächeln, Nicken, Händeschütteln. Und ablenkende Sätze: „Alle Jahre wieder zu festlichem Anlass, ich freue mich immer schon darauf! Viele neue und viele vertraute Gesichter! Wir sehen uns ja noch – bis später!" Meistens haben Sie beim freundlichen Begrüßen ohne Namensnennung Glück. Der Fremde murmelt oft seinen Namen, so wissen Sie wenigstens, dass Sie ihn nicht kennen, und können auch den Ihren murmeln.

Immer mehr Leute gehen dankenswerter Weise dazu über, eine kleine Gedächtnisstütze an ihren Namen zu hängen. Eine Bekannte sagte immer: „Stahl – wie Eisen."

Ein Herr stellte sich vor: „Pontius wie Pontius Pilatus." Dabei machte er mit seinen Händen die berühmte Geste: Ich wasche meine Hände in Unschuld. Es war natürlich etwas peinlich, dass ich ihn das nächste Mal als „Herr Pilatus" ansprach – aber er nahm es mit Humor, es war ihm schon öfter passiert.

Ein Geschäftsmann namens Fritz Teufel begrüßte seine Kunden am Telefon stets mit dem Satz: „Grüß Gott, hier spricht der Teufel!" Das merkte man sich gut.

Die Sitte des gegenseitigen korrekten Vorstellens ist meist nur noch bei offiziellen Treffen nötig. Lässt es sich nicht umgehen und Sie haben keine Ahnung, wer das ist, *müssten* es aber wissen, hilft in einem größeren

Rahmen der Satz: „Sie machen sich bitte gegenseitig bekannt, man wartet dort schon auf mich – bitte um Entschuldigung!" – und nichts wie weg.

Kommt man bei größeren Veranstaltungen an einen Tisch mit Fremden oder Bekannten, deren Namen oder Gesichter man nur flüchtig kennt oder schlichtweg vergessen hat, habe ich gute Erfahrungen gemacht mit der Begrüßung: „Darf ich mich allen Herrschaften, die mich nicht kennen, vorstellen, und denen, die mich kennen, wieder ins Gedächtnis rufen – ich heiße ..." Seien Sie unbesorgt! Manch einer ist erlöst, er weiß nämlich auch nicht mehr, wo er Sie hinstecken soll.

Gut ist auch, reihum zu nicken und allen die Hand zu geben: „Ich bin schon zum zweiten Mal bei diesem Treffen und komme immer gern, man sieht vertraute und neue Gesichter und es gibt stets Überraschungen!" Wenn Sie dies freundlich und heiter sagen, bemerkt niemand die Ausrede, dass Sie keine Ahnung haben, wen Sie begrüßen. Man könnte diese kleinen Ausweicher bei Situationen allgemeiner und unverbindlicher Konversation als Verlegenheits- und Floskel-Ausreden bezeichnen.

Genau genommen sind diese kleinen Schlenker keine echten Ausreden. Aber sie bieten ein unbegrenztes Potenzial an Möglichkeiten, die wir uns im Lauf des Lebens aneignen, um etwas zu umgehen. Meist etwas Unangenehmes – für uns und andere!

Aber das lernt man erst mit dem Erwachsenwerden – Kinder können das noch nicht.

3. Die goldenen Kindermundwahrheiten

Kinder kennen meist nur die Wahrheit oder glatte Lügen: „Opa, du bist aber fett geworden!"

„Neben Tante Lena setze ich mich nicht, die stinkt immer so!" Kinder haben da keine Hemmungen. Erwachsenen ist das äußerst peinlich.

Bei einer Familienzusammenkunft zu meinem Geburtstag erzähle ich – gerade frisch verheiratet – von meiner ersten gelungenen Römertopfgans. Die siebenjährige Nichte übertönte das allgemeine Beifallsgemurmel mit dem fröhlichen Kreischen: „Gar nicht wahr! Du kannst ja nicht kochen! Bei euch gibt es immer nur Maggisuppen und Büchsengemüse!" Die wahrheitsbeflissene kleine Martina erntete nur ein verlegenes „Haha, aber Kind ... wie kannst du nur! Also ich weiß gar nicht – wir haben vielleicht mal gesagt ..." Nun, dieser kindliche Fauxpas endete in Gelächter. Ich hatte niemals den Ehrgeiz, ein Bocuse zu werden.

Ein nahezu unerschöpfliches Reservoir der goldenen Kindermundwahrheiten ist angesiedelt bei Witzeerzählern und Conférenciers oder bei Moderatoren. Man findet sie als Karikaturen in Illustrierten und Zeitungen. Sie verkleiden sich im Lauf der Jahrzehnte ein wenig, aber im Grunde erkennt man sie immer wieder. Was schon der kleine Fritz an Kuriosem von sich gab, wird auch prompt vom kleinen Alex oder Boris erzählt. Und es bereitet nach wie vor den Familienmitgliedern ein deftiges und genüssliches Vergnügen, wenn der Sprössling lautstark etwas von sich gibt, was ja alle insgeheim auch denken. Man lacht besonders laut: „Nein, so was! Dieses Kind! Also schämst du dich nicht!" Und immer wieder wird im Bekanntenkreis oder in der Familie diese „Was-sagst-du-dazu"-Geschichte erzählt, weil sie ja so komisch ist. Aber sie ist sehr oft die unbewusste Ausrede, nun auch laut und mit diebischer Freude die „goldenen Kindermund-Worte" zu wiederholen. Möglicherweise war auch bei den Eltern und Anverwandten meiner damals siebenjährigen Nichte hinter dem verlegenen Lachen und Entschuldigen im Geheimen der Gedanke: „Na, Recht hat das Kind! Sie kann ja wirklich nicht kochen, braten und backen! Wie sollte sie auch – mit den drei Kochtöpfen, die sie hat!"

Ein beliebter und kursierender Witz wurde gern bei unseren Bekannten erzählt. Ich habe ihn mindestens fünfmal gehört.

„Also stellt euch vor! Bei Opas 60. Geburtstag sollte Dieter doch ein Gedicht aufsagen. Und der wollte nicht! Dabei hatten wir so fein geübt! Und der Opa wartete doch darauf! Und als Dieter bockte und bockte, da hat ihm seine Mutter zugeflüstert: ‚Sag doch einfach ein Gedicht auf, das du gerade im Kindergarten gelernt hast! Los!' – Und was passierte? Der Dieter stellt sich hin und schreit ganz laut: ‚Du dickes Schwein, du tust mir Leid, du lebst jetzt nur noch kurze Zeit!' Also so was! Nein!" Und die Erzählenden glucksten und prusteten im Nachhinein vor Vergnügen.

Der Opa war übrigens fett, geizig und ein Familientyrann. Kein Wunder, dass die drastischen Glückwünsche von dem kleinen Dieter eine heimliche Schadenfreude weckten mit der uneingestandenen Ausrede im Gewissenswinkel: „*Ich* hab's ja nicht gesagt – aber eigentlich – na ja, so wie der Opa ist, hätte man fast ..." Wer beschreibt meine Verblüffung, als ich Jahre später an einem Bunten Abend mit viel Publikum von dem Conférencier den gleichen Witz hörte, der im ganzen Saal mit quiekendem Gelächter beklatscht wurde!

Was andere sagen oder auch zeichnen und karikieren – es bereitet uns ein sattes Lustgefühl und wir finden es köstlich und wahnsinnig komisch. Das dürfen wir auch und sagen voller Freude: „Das hat der dem aber gegeben! Recht geschieht ihm!" Ob da bei Max und Moritz der Onkel Fritz sich der Maikäfer nicht erwehren kann oder der armen Witwe Bolte die gebratenen Hühner geklaut werden – keinerlei Mitleid mit den Betroffenen!

Der wunderbare Ausreden-Satz „*Ich* war es ja nicht – die *anderen* haben Schuld." – „*Ich* würde so was nie machen – aber prima, dass *die* sich so was trauen!", lässt überhaupt kein schlechtes Gewissen zu, dass man sich über diese Bosheit freut. Es ist ja nur *gemalt*, es wird ja nur *erzählt*...

Hier liegen oft – längst von uns Erwachsenen vergessen – die Ansätze der Ausreden vor – für andere und für uns selbst –, bis wir sie schließlich tatsächlich glauben. Aber das ist schon die höhere Ausreden-Stufe. Wir bleiben vorerst in den handfesten und greifbaren Realitäten unseres Alltags.

4. Die Zu-spät-kommen-Ausreden

Etwa mit dem Beginn der Schulzeit entwickeln Kinder die Fähigkeit, laufend Ausreden zu erfinden. Muss man ja auch, um nicht dauernd Schelte und Strafen einzuheimsen.

Die gängigsten sind Ihnen allen wohl vertraut. Man kommt zu spät zur Schule oder zu spät nach Hause.

„Der Bus kam einfach nicht."

„Da ist wohl eine Bahn ausgefallen."

„Auf der Uhr war es erst zwölf, die ging aber falsch, hab' ich gar nicht gemerkt!"

„Die Stunde hat heute länger gedauert, und ich hab' den Max begleiten müssen, dem war so schlecht."

„Meine Mutter hat mich zu spät geweckt."

Sie merken: Im Schulalter sind die Kinder schon sehr viel geschickter geworden! Ich war übrigens ein notorischer Zuspätkommer. Morgens fehlte immer etwas an Utensilien, Büchern, Heften, ehe ich in höchster Eile davonstürzte. Oft schlängelte ich mich erst kurz hinter der Lehrerin ins Klassenzimmer. Humorvolle Lehrkräfte schickten mich energisch auf meinen Platz. Grämliche drohten mit einem Eintrag ins Klassenbuch. Andere nagelten mich ironisch fest: „Was hast du heute für eine Ausrede?"

Mit der Zeit hatte ich etliche kleine Tricks gesammelt. Mal humpelte ich mit wehleidigem Gesicht auf meinen Platz: „Bin umgeknickt, aua!" Oder ich meldete mit verpresstem Mund Zahnweh an. Oder ich musste meinem jüngeren Bruder das Diktatheft suchen helfen. Es war jedes Mal fast ein Auftritt, den die Klasse mit viel Vergnügen oder Schadenfreude erwartete. In Biologie hatte ich weniger Glück. Noch ehe ich treuherzig versichern konnte, dass ich umkehren musste, weil ich meinen Schlüssel vergessen zu haben glaubte, der sich aber dann doch in der Seitentasche fand ... schnitt mir der erboste Lehrer die Worte ab: „Keine Lügengeschichten, Fräulein Münchhausen, komm mal gleich an die Tafel und erkläre uns die Anordnung der Staubgefäße bei den Lippenblütlern!"

Die Zu-spät-kommen-Ausreden begleiten uns von Kindheit an bis zur Pensionierung.

5. Die Krankheits-Ausreden

Ebenso vertraut seit der Schulzeit und die Berufsjahre überdauernd sind die Krankheits-Ausreden. Erstaunlicherweise stellen sie sich meistens frühmorgens ein.

„Aua, ich hab' solche Bauchweh, ich hab' mich bestimmt vergiftet!"

„Ich kann gar nicht schlucken, mein Hals – wie soll ich denn das Referat halten!"

„Mir ist ganz heiß, ich hab' hohes Fieber. Wenn ich bei dem Hürdenlauf mitrenne, verknackse ich mir noch ein Bein!"

Natürlich durchschaut die Mutter die Flunkerei. Na ja, sie hatte ja auch immer einen Bammel vor der Lateinarbeit, dem Diktat ... Und so tut man, als glaube man die Ausrede. Zumindest gelegentlich, natürlich nicht immer. Aber wenn doch das arme Kind ...

Je nach Mitleid oder Angst greifen auch die Mütter zu der gleichen List, schriftlich oder per Telefon.

„Leider ist mein Sohn heute krankheitshalber verhindert."

„Meine Tochter hatte heute früh Fieber, so dass wir gleich zum Arzt fahren mussten."

Niemand nimmt das ganz ernst. Die Kinder lügen nicht direkt, sie schwindeln ein bisschen. Und die Mütter tun so, als merkten sie nicht den wahren Grund, und schreiben den Entschuldigungszettel – sie schwindeln halt ein bisschen.

Im Familienleben hat sich nämlich ein Ausreden-Komplex eingeschlichen, der sehr beliebt ist und eifrig gehandhabt wird. „Auf Grund dringender Familienangelegenheiten kann meine Tochter Nicole am 23. die Schule nicht besuchen, weil ..."

„Gesundheitliche Gründe zwingen meinen Mann, den Urlaub bereits am Donnerstag zu beginnen, so dass Alex am Freitag den Unterricht versäumen muss."

Liegt ein gesetzlicher Feiertag vor dem schulfreien Wochenende, nimmt die Zahl der zwingenden Entschuldigungen rapide zu. Mit stillschweigender Solidarität wird diese Erklärung von Eltern und Kindern ak-

5. Die Krankheits-Ausreden

zeptiert. Man redet lieber gar nicht darüber. Oder man etikettiert die Mogelpackung auch ganz legitim. „Ja, weißt du, wir müssen ja Donnerstag noch vorher bei Oma vorbeifahren, die war letztlich so schlecht drauf ..."

„Papa braucht einfach seine 14 Tage Urlaub und das Hotel war nur ab Donnerstag frei ..."

Die besten Ausreden sind die, an welche man selbst schon fast glaubt. Und Hänschen lernt am Beispiel der Eltern, wie man sich mit Ausreden Vorteile verschafft. So hält Hänschen dann auch brav die kleine Klappe – man petzt ja nicht – und beschließt, Papas und Mamas Taktik beim nächsten Mal ebenfalls anzuwenden.

Ja, und hier finden wir die Ansätze zu der langsam ansteigenden Flut der Ausreden, die uns ein ganzes Leben lang begleiten. Und ebenso begleitet uns die Überzeugung, dass dies ja keine Lügen sind, sondern purer Selbstschutz, weil man sich nicht so gern eine Blöße gibt. Und nun wendet man das gleiche Muster an wie in der Kindheit. Da wusste man:

Man hat etwas verbockt oder falsch gemacht.

Man wusste, dass die Erwachsenen das bestrafen, wenn sie es merken. Der Strafe wollte man aus dem Weg gehen, also wurde auf Deubel komm raus gelogen. Nachsichtige Eltern nannten das „faustdicke Lügen" oder „miesen Schwindel".

Wir sagen nun: Ausreden. Und man verfällt auf die gleichen Tricks. Als „Zu-spät-kommen-Ausreden" ist mir leider auch nichts Neues oder Besseres eingefallen. Da sie jedoch im Berufsleben von allen angewandt werden, alle sie nicht ernst nehmen oder gar glauben, geht man meist ohne Aufhebens darüber hinweg. Ja, es könnte sogar mal stimmen, aber ...

Eine ständig zu spät kommende Kollegin erschien eines Tages ganz aufgeregt: „Also stellt euch vor, beim Fahren sehe ich dauernd Blinker, man hupt mir zu, macht mir Zeichen – ich begreife es gar nicht, alles ist doch o.k. Dann will ich tanken, der Tankwart prallte ganz entsetzt zurück. Und wisst ihr, was war? Eine Ente, eine richtige große Ente war vorn an den Kühler geklatscht, mit ausgebreiteten Flügeln, blutig – also furchtbar! Ich hatte das gar nicht gemerkt, aber alle waren natürlich entsetzt und machten mir deshalb Zeichen!"

Möglicherweise stimmte es. Aber wir schnitten nur viel sagende Grimassen und schauten auf die Uhr. Wahrscheinlich war es keine Ausrede, aber uns erschien sie als eine solche, und noch dazu eine sehr schlechte.

Eine Ausrede heißt, sich aus einer Sache, einer Anschuldigung, einem Fehlverhalten herauszureden, und zwar so, dass die eigene blanke Politur nicht angekratzt oder beschmutzt wird. Eine Ausrede beinhaltet auch die hohe Kunst vom Verschweigen der eigenen Meinung, vom Verbergen der eigenen Stellungnahme. Aber immer so, dass es die Umwelt nicht merkt oder zumindest nur irritiert ist. Auf diesem Gebiet gibt es Naturtalente, gelehrige Schüler oder hoffnungslose Versager. Letzterem Übel wollen wir mit diesem Buch abhelfen.

Kapitel 3

Die Überraschungs- und Verblüffungs-Ausreden

Wie man Zeit gewinnen und die anderen sprachlos machen kann

1. Die Literatur-Ausreden

Eine sehr wirkungsvolle Taktik, um mit einer Ausrede Zeit zu gewinnen und eine unangenehme Frage zu vermeiden oder sie wenigstens hinauszuzögern, bis einem etwas Glaubhaftes eingefallen ist, wären entsprechende Zitate aus der Literatur. Sagen Sie nicht: „Kenne ich nicht, lese ich nicht." Sie verwenden diese geflügelten Worte sehr häufig und wissen nicht, dass sie von berühmten Dichtern und Schriftstellern stammen.

Die Branche der Lustspiele am Theater lebt bei heiklen Situationen von Ausreden, die absolut verkehrt sind und die Sachlage verschlimmern, weil sie neue Verwicklungen heraufbeschwören. Das Publikum quietscht und kreischt vor Vergnügen. Die Darsteller spielen Aufregung, Entsetzen, Mordsschreck oder Hysterie, und die Zuschauer amüsieren sich königlich, in welche Fallen der arme Liebhaber oder die ertappte Ehefrau hineinstolpern.

Das klassische Beispiel: Gatte öffnet die Schlafzimmertür und findet Ehefrau und Hausfreund im Ehebett. Die erschreckten Ausreden der Betroffenen überstürzen sich.

„Der Elektriker wollte die Nachttischlampe reparieren und suchte die Steckdose."
„Der Heizungsmonteur ist gekommen, und es war so eiskalt im Zimmer, da wärmte er sich ein bisschen die Finger ... äh, die Füße."
„Der Hans wollte mir zu Hilfe kommen, weil ich so schrie, da war nämlich eine Maus und die war dann weg ..."
Das Vergnügen der Zuschauer ist groß. Die Ausreden sind ja so köstlich dumm! Und man ist ja nicht selbst betroffen! Es ist ja Theater und zielt damit auf Lacheffekte.

Ja, Hand aufs Herz – was hätten Sie denn gesagt in so einer Situation? Vielleicht als schnaubender Ehemann: „Das also ist des Pudels Kern!" Und die verschämte Ehefrau: „Die Axt im Hause erspart den Zimmermann!" Obwohl hohe Literatur, wären Goethe und Schiller vielleicht doch nicht so passend.

Zahlreiche solcher so genannter „Volksweisheiten" sind aus berühmten Dichtungen. Besonders beliebt Goethes Faust mit geflügelten Worten wie eben „des Pudels Kern" oder „Am Golde hängt, zum Golde drängt doch alles – ach, wir Armen!". Oder: „Da steh ich nun, ich armer Tor, und bin so klug als wie zuvor."

Auch wer nie den „Faust" gelesen hat, die Zitate kennt er als „Sprichwort". Allerdings sind sie sehr bekannt und daher als Ausreden nicht besonders zu empfehlen.

Mehr Eindruck macht man mit etwas ungewöhnlichen Formulierungen. Meine Mutter erzählte mit viel Vergnügen, dass sie – als 11-Jährige schon eifrig Balladen rezitierend – einmal etwas verbockt hatte. Was, wusste sie nicht mehr. Damals war es auch in gutbürgerlichen Familien üblich, mit ein paar „Kopfnüssen" oder „Ohrfeigen" zu bestrafen. Der Großvater setzte sich also in Trab, um dem ungehorsamen Kind nachzulaufen, das angstvoll um den Esszimmertisch herumlief. Als er sich bedrohlich näherte, hob meine Mutter höchst dramatisch die bittenden Hände und rief klagend: „Lasst, Vater, genug sein des grausamen Spiels!" Der verblüffte Verfolger stutzte: Schiller! Das waren aus der Ballade „Der Taucher" die Worte, mit denen des Königs Töchterlein den Vater abhalten wollte, den schönen Jüngling nochmals in die brodelnde Meerestiefe zu locken. Gerührt und bewegt über die literarische Kenntnis der Kleinen hatte die Jagd um den Tisch ein Ende, und die Strafe fiel milde aus: zwei Tage keinen Nachtisch.

Solche Verblüffungs- oder Überraschungsausreden sind wärmstens zu empfehlen! Legen Sie sich einen kleinen Vorrat von Literatur-Zitaten zu. Und wenn Sie einen Gesprächsgegner haben, der besonders hartnäckig und wortgewandt ist und möglichst noch etwas geltungsbedürftig und kritikfreudig (die Spezies ist leider im Beruf weit verbreitet), gibt es einen sehr guten Tipp: Im Büro oder in der Behörde werden Sie beschuldigt, weil Sie eine bestimmte Entscheidung getroffen haben. Der Frager oder Beschuldiger treibt Sie mit seinen Anklagen in die Enge. Sie wehren sich – um Zeit zu gewinnen und nicht direkt die Wahrheit zu sagen – mit einer Ausrede: „Ich habe mir eben gedacht: Dem Manne kann geholfen werden – wie schon Goethe sagte. Und daher habe ich im Fall von Herrn Meier so entschieden."

Kollege Besserwisser wird stutzen, einen Moment überlegen und dann sagen: „Ich darf Sie darauf aufmerksam machen – das war Schiller! Wenn schon – denn schon bitte richtig!" Und Sie darauf: „Schiller! Natürlich! Nein, wie peinlich! Also so was! Mein Fehler, danke für Ihre Korrektur. Schiller – natürlich! Ja, also was wollte ich eigentlich sagen ...?"

Merken Sie, dass die Ablenkungsschiene recht gut funktioniert? Bei Leuten, die immer alles kennen und verbessern, wirkt so was Wunder! Natürlich müssen Sie wissen, dass das Zitat von Schiller stammt, aber Sie haben es *bewusst als Bremse in die Befragung eingebaut* und gewinnen Zeit. Sie geben dem Beschuldiger oder Angreifer damit die Genugtuung, in dieser völlig unwichtigen Korrektur richtig zu liegen und Sie verbessert zu haben!

Nun müssen Sie beide wieder auf den Kernpunkt zurück – denn auch der Besserwisser musste einen Moment nachdenken, ob Goethe oder Schiller zuständig waren.

Übrigens – bleiben Sie möglichst bei diesen beiden Dichtern, bekannten Philosophen oder Politikern.

Wieder eine Büroatmosphäre: „Nein, nein, wir dürfen uns das eben nicht bieten lassen! Ich kann nur wie Bismarck sagen: Es kann der Frömmste nicht in Frieden leben, wenn es dem bösen Nachbarn nicht gefällt!" (Sie wissen natürlich, dass es wieder mal der gute alte Schiller war). Oder:

„Und diesen Standpunkt vertrete ich auch in der Steuerermäßigungsfrage! Unnachgiebig! Schon der weiland Wirtschaftsminister Erhard hat damals beim Wirtschaftswunder gesagt: Jeder Bürger muss am Sonntag sein Huhn im Topf haben!" – Reagiert der Partner nicht und nimmt er ohne Widerspruch hin, dass Ludwig Erhard für das Sonntagshuhn im Topf plädierte, können Sie nach zwei weiteren Sätzen stocken, überlegen und sagen: „Nein, Moment, das war ja gar nicht der Erhard! Das war doch der ... ja, das war der Franzose, Ludwig IV. Na ja, nichts für ungut! Kann passieren. Also ja – wo waren wir stehen geblieben? Ach so ..."

Beachten Sie bitte: Die Eigenkorrektur wirkt immer offen, entwaffnend. Man schämt sich nicht, gibt seinen Fehler zu. *(In diesem harmlosen Punkt!)* Sie lenken von der kritischen Frage ab, können sich wieder sammeln und wieder neu ansetzen.

In einer Livesendung über Rhetorik fragte mich die Moderatorin: „Wie reagiere ich, wenn ich nicht weiter weiß, wenn ich den Faden verliere? Welche Ausrede soll ich da verwenden?" Ich antwortete ihr: „Auf keinen Fall stottern oder ja ... äh ... hm ... na ja sagen. Da gibt es andere Möglichkeiten ..."

Hier stockte ich (in der Livesendung) und rief lebhaft: „Kalkutta! Der Film hieß Kalkutta! Der berühmte Film, der Kultfilm mit Ingrid Bergman!" Die junge Moderatorin nickte lebhaft: „Ja, mit Humphrey Bogart! ‚Schau mir in die Augen, Kleines' ... Natürlich! Aber wie kommen Sie jetzt darauf?"

„Entschuldigen Sie, aber mir war der Titel einfach nicht eingefallen – seit heute Morgen! Also, Sie wollten wissen, was man sagt, wenn man den Faden verliert ..."

Und ich erklärte in der Sendung, dass nun beide Gesprächspartner von dieser „Überraschungs-Ausrede" wieder zum Ausgangspunkt zurück müssen und der Angegriffene sich in der Zeit etwas sammeln könnte. Es folgen weitere Fragen der Moderatorin. Am Ende der Sendung tickte in meinem Kopf ein Hämmerchen: Casablanca! Der Film hieß „Casablanca"! nicht „Kalkutta"! Aber kein Mensch sprach mich darauf an. Im Studio waren 15 Leute, daheim erreichten mich etliche Anrufe – sicher kannten die meisten den Film, aber sie hatten es nicht gemerkt. Am nächsten Tag in einer Mittagsrunde drohte eine Frau Besserwisser neckisch mit dem Finger: „Sie haben einen Fehler gemacht. Der Film hieß „Casablanca"!" Und ich darauf: „Schade, dass Sie nicht im Studio waren! Darauf hab' ich nur gewartet!" „Ach so," rief sie aus, „das war ein Trick! Damit hätten Sie in einer Diskussion die Frage noch mehr hinausgezögert! Das ist aber gut! Das muss ich mir merken!" Frau Besserwisser war hochbefriedigt.

Egal, bei welcher beruflichen oder kniffligen Frage Sie ins Schwimmen kommen und die Antwort noch nicht wissen: Die Ablenkungsspur mit dem falschen Ludwig Erhard, dem falschen Kalkutta gibt Ihnen eine Verschnaufpause. Sie können nach dieser „Verwirrung" versuchen, an der kritischen Stelle auf Umwegen wieder neu anzusetzen.

Bei der Verblüffungs-Ausrede mit dem plötzlichen Einfall gibt es zahlreiche Möglichkeiten, die Sie spezifisch für Ihre Mentalität auswählen können, um sich einen kleinen Vorrat an solchen ausgefallenen Worten anzulegen.

Wir nehmen wieder eine bohrende und höchst unangenehme Frage aus dem Berufsleben: „Warum haben Sie dem Meier zugesagt!? Wir wollten doch unbedingt ablehnen! Der Antrag sollte nicht genehmigt werden!" Und Sie beginnen die Antwort ganz üblich: „Das habe ich alles nachgeprüft. Natürlich war mir klar ... Guadalquivir! Natürlich! Andalusien! Oh, ich hab' mir den Kopf zerbrochen, weil es mir nicht einfiel, wie der Fluss hieß. Entschuldigen Sie, so was macht einen ganz verrückt! Guadalquivir – ja, also wo waren wir stehen geblieben ... geht es Ihnen auch manchmal so? Also so was! Jaaa ... Meier, richtig. Meier ... Eigentlich wollten wir den Antrag ablehnen, aber dann ..."

Und inzwischen haben Sie etwas Zeit gewonnen und können überlegen. Meistens bekräftigt der Gesprächspartner in dieser Pause seine Frage und wiederholt: „Ja, warum haben Sie denn nun dem Antrag stattgegeben?" Inzwischen ist der Fragende durch die Unterbrechung nicht mehr ganz so geladen und aggressiv. *Sie müssen allerdings den kleinen Zeitgewinn ausgenützt haben: entweder lügen, schwindeln oder die Wahrheit sagen.*

Wenn Sie gar nicht weiterwissen, empfiehlt sich ein „Geben Sie mir einen Moment Zeit, ich möchte die Gründe für meine Entscheidung noch mal klar formulieren." Wenn möglich und angebracht, können Sie auch sagen: „Ich werde meine Gründe schriftlich fixieren, das ist mir lieber. Ich bin jetzt auch etwas aus dem Konzept gekommen."

Die Verblüffungs-Ausreden sind sehr wirkungsvoll, wenn Sie in den Bereichen bleiben, die Ihnen geläufig sind und die auch Ihrer Umwelt glaubhaft erscheinen. Am leichtesten haben es Kreuzworträtselfans. Wenn man im Betrieb, im Privatleben und im Beruf weiß, dass Sie dieses Hobby haben, wird ein plötzliches „Guadalquivir" oder „Cassiopeia" oder „Sauropsiden" – Jetzt fällt mir das Wort für die Ur-Vögel wieder ein!" nicht schwer fallen. Auch medizinische Fachausdrücke, die heute immer wieder gebraucht werden, können als plötzliche Unterbrechung und damit Ablenkung dienen. „Kernspintomografie" ... richtig, davon war gestern die Rede! Und ich wollte mir das Wort unbedingt merken! Kernspin ..."

Beachten Sie bitte: Sie haben diesen oder jenen Begriff unlängst gehört oder gelesen – schreiben Sie ihn auf. Vielleicht können Sie diese Verblüffungs-Ausrede mal als Hilfe gebrauchen.

Leichter zu merken wäre eine Arie, eine Sängerin, eine Oper. „Jetzt hab' ich es: Nur der Schönheit weiht ich mein Leben. So hieß der Text der Arie ... da hab' ich mich gestern gestritten, Puccini oder Verdi, aber es war Verdi, natürlich. Ah ... Entschuldigung, aber als Opernfan ..." (Natürlich nicht verwenden bei Disco-Anbetern oder Nur-Sportlern, die nie eine Oper besucht haben.)

Hier wären die Namen bekannter Sportler wirkungsvoller, als plötzliche Unterbrechung, um Zeit zu gewinnen: „Jetzt weiß ich es wieder. Es waren Fritz und Ottmar Walter, mit dem 3:2 gegen Ungarn! Natürlich, die Brüder Walter! Und wir wurden Weltmeister! Unvergesslich!"

Auch Uralt-Größen können als plötzliche Namensblitze verwendet werden. „Caracciola und Bernd Rosemeier ... kennen Sie die noch? Ach, und der schwarze Blitz aus Kitz ..."

Noch einmal: Diese Ablenkungen wählen Sie bitte möglichst aus Ihnen bekannten Gebieten und den Interessen Ihrer Umwelt. Da ja die wichtigsten, entscheidendsten Ausreden im Berufsleben gebraucht werden, hilft Ihnen hier die Kenntnis von den Hobbys der Kollegen. Und dabei können Sie auch den Doppeltrick des falschen Einfalls anwenden und die Verbesserung durch den Kollegen (Kalkutta – Casablanca). Bei Sportlern sagen Sie eben:

„Fritz und Ottmar Walter – und wir wurden 1954 Weltmeister gegen Italien mit dem 3:2! Was ... es war Ungarn? Natürlich! Ungarn! Wie gut, dass Sie mich verbessert haben!" Und bei Arien sagen Sie: „Butterfly" und es war „Tosca".

Mit der Überraschungs-Ausrede sollten Sie den Partner nie überfordern! Gehen Sie besser etwas unter Ihr Niveau. Also nicht „Es war das Thema des Allegro aus Beethovens Fünfter ..." Da werden Sie gleich hören: „Ach, lenken Sie doch nicht vom Thema ab, was soll denn das!" Und außerdem machen Sie den Beschuldiger böse. Unglaubhafte Ablenkungen, wie im Lustspiel der Elektriker, der im Bett die Steckdose reparieren will – darüber lacht nur das Publikum im Theater. Und wenn der ertappte Ehemann die verführerische Geliebte als Sekretärin vorstellt, mit der er nach Mitternacht bei Sekt und Austern im Hotel eine Lagebesprechung hat, dann fallen nur die Schwiegereltern darauf rein – auf der Bühne!

Nein, verwenden Sie nur Ausreden, die für die Mitarbeiter im Berufsleben glaubhaft sind. Also: Sie benutzen öfter mal im Alltag allgemein übliche Sprichworte oder Zitate. Dann wird man ein etwas Unüblicheres, das Sie als Ausrede oder Ablenkung gebrauchen, nicht befremdlich finden.

Die Verblüffungs-Ausrede kann man gut anwenden, wenn alle wissen: Sie machen gern Kreuzworträtsel (Guadalquivir), sind sportbegeistert (Fritz und Ottmar Walter), flechten ab und zu ein lateinisches Wort ein (Cassiopeia), oder eine Arie, Filmtitel dienen als Überbrückung (Nur der Schönheit weiht ich mein Leben – Casablanca). Frischen Sie Ihr Gedächtnis dafür einfach mal auf! Eine Eisenbahnfahrt und die Lektüre eines Zitatenschatz-Buches – Sie werden staunen, was Ihnen alles an vertrauten Sprüchen begegnet.

Hier folgen als Anregung etliche geflügelte Worte der „Lateiner".

2. Die Ausreden der „Lateiner"

Dazu empfiehlt es sich, wenigstens die Grundlagen der Sprache in der Schule gelernt zu haben. Oder man beherrscht die allgemein bekannten Zitate. Damit erzielen Sie meistens einen verblüffenden Effekt. Der so abgelenkte Fragende denkt erst mal kurz über den Spruch nach. Meist hat er ihn schon irgendwo gehört – und das hieß doch ...? Er muss es sich schnell übersetzen. Richtig! Und in diesen Ablenkungssekunden vermitteln Sie durch die lateinischen Worte den Eindruck einer gewissen Souveränität, Leichtigkeit und Überzeugung. Und Sie trauen dem anderen diese Allgemeinbildung zu! So ist es anzuraten, dass der andere eine ähnliche Schul- oder Allgemeinbildung hat.

Falsch ist es, diese lateinischen Zitate anzuwenden bei: Untergebenen und Angestellten, die niemals Latein haben konnten, bei ausländischen Gesprächspartnern, denen dieses Gedankengut fremd sein muss. *Also nie von oben nach unten!* Das verärgert, man wirkt arrogant und erweckt damit nur Widerstand. Bei größeren Kindern: ja. Die schnappen auf und verwerten es weiter.

Am besten legen Sie sich – falls Ihnen das entgegenkommt – einen kleinen Vorrat solcher „geflügelter Worte" an, die Sie natürlich beim guten alten Büchmann (siehe auch Literaturverzeichnis) finden. Machen Sie die Probe beim Kapitel „Aus lateinischen Schriften". Sie werden überrascht sein, wie viele Zitate Sie kennen und nur wieder auffrischen müssen. „Ich bin mal wieder dem guten alten Horaz verfallen und dachte wohl gestern Carpe diem. Ach ja, Carpe diem – und das bei diesem Wetter!" Der andere grübelt kurz – Horaz – Carpe diem ... das war doch – ja, was war das wieder? Und Sie reden lächelnd weiter und haben so

2. Die Ausreden der „Lateiner"

die peinliche Frage: „Warum haben Sie gestern den Termin verpasst?" elegant umschifft. Ihr Gegenüber wird sich nicht die Blöße geben und fragen: „Was heißt das noch mal – Carpe diem?" (Nutze den Tag) Oder man stellt Ihnen die ärgerliche Frage: „Wie können Sie denn so etwas behaupten?!" „Ein freundlich-überlegenes „Cogito, ergo sum", sagte schon Descartes. (Ich denke, also bin ich.) Oder Sie kontern: „Cum grano salis," sagte schon der alte Plinius. (Mit einem Salzkörnchen – ein bisschen Witz – kann man die Situation so sehen.)

Wenn Sie gelegentlich die Worte „deus ex machina" oder „dies ater", „vox populi" oder „in medias res" oder „in vino veritas" benutzen, die wirklich allgemein bekannt sind, werden die Lateinzitate gar nicht auffallen.

Verwendbar ist auch eine solche Antwort: „Ich habe mir in diesem Fall gesagt: Hannibal ante portas und daher meinen Einwand zurückgezogen." (Hannibal ist eben der Chef, der unliebsame Prüfer, dessentwegen Sie etwas aufgeschoben haben.)

Oder die Gewissensfrage Ihres Gegenübers: „Haben Sie es nun dem Chef gesagt oder nicht!?" Darauf Sie, doppeldeutig und hintergründig: „Si tacuisses, philosophus mansisses – das hielt ich in dieser Situation für besser." Ihre Redewendung drückt aus, dass Sie über die leidige Sache nicht gleich reden wollten. Wetten, dass Ihr Gegenüber erst mal kurz überlegt, stumm ist und nachdenkt: „Was meint er damit? Hab' ich das recht verstanden?" Oder:

Man treibt Sie in die Enge, warum Sie bei der Diskussion eine bestimmte Entscheidung getroffen haben. „Was sollte ich machen? Hic Rhodus – hic salta, hieß es für mich, wenn ich uns nicht blamieren wollte." Mit so einem Zitat nutzen Sie die kleine Schreck- oder Verlegenheitssekunde Ihres Gegenübers. Und sollte der Fragende erbost drängen: „Und was heißt der Quatsch?", dann übersetzen Sie einfach: „Wie ich schon sagte – was blieb mir übrig! Ich musste springen und damit die Hürde überwinden."

Vorsicht! Nicht zu oft anwenden! Es empfiehlt sich nicht gerade bei einem Gespräch mit dem Lateinlehrer. *Und Sie müssen natürlich wissen, was das Wort heißt und wer es bei welcher Gelegenheit sprach.* Der gute Büchmann gibt auch darüber mit einem Satz Auskunft.

Wichtig: Nie gleich hinterher nach dem Lateinzitat selbst übersetzen! Der andere soll erst mal nachdenken, irritiert sein oder fragen. So haben Sie eine viel längere Atem- und damit Konzentrationspause.

3. Zitat-Ausreden und Sprichworte

Ein weiterer Rettungsanker, wenn man im Moment keine Antwort weiß und eine Ausrede sucht, sind Sprichworte, die man als Eselsbrücke zur Verfügung hat. Sprichworte reden in Bildern. Wenn Sie solch ein Bild erwähnen, gleiten die Gedanken des Gegenübers automatisch auf die visuelle Ebene. Der Partner ist erst mal abgelenkt. Er muss das Bild auf die Situation und die Frage, die er Ihnen stellte, umsetzen.

„Wieso hat der Chef dem Beschluss dann doch zugestimmt, zuerst hat er doch so laut protestiert?!" – Oder: „Die Frau Meier hat Stein und Bein geschworen, dass Ihr Wagen die Beule in den Zaun gefahren hat. Und jetzt stellt sich heraus, dass es ihr eigener Enkel mit dem Fahrrad war." Mit einem Sprichwort und einem viel sagenden Lächeln zeigen Sie deutlich Ihre Meinung, aber Sie sprechen sie nicht hart aus.

Schließlich ist der Chef Ihr Vorgesetzter, und mit der Nachbarin Meier müssen Sie sich gut stellen – Sie brauchen gelegentlich ihre Hilfe. Sagen Sie also: „Dem Fuchs hingen vielleicht die Trauben zu hoch." (Chef) „Wer anderen eine Grube gräbt, fällt selbst hinein!" (Frau Meier).

Sie haben sich indirekt und elegant um die Aussage herumgeschlängelt, statt knallhart zu behaupten: Das war so und so.

Das feine Sprichwort ist eine allgemein gültige Weisheit. *Ihre Meinung mit Ihren Worten haben Sie nicht gesagt!* Und das kann dann weder verzerrt noch übertrieben weitergegeben werden: „Der Chef hat dann eben gekniffen und klein beigegeben – und erst so 'ne Klappe!" „Die dämliche Meier wollte mir und meinem Auto eins auswischen, jetzt steht sie ganz schön blöd da – mit ihrem geliebten Enkel!" Das ist ein persönliches Urteil oder gar ein Angriff – nicht so gut! Das allgemein bekannte Sprichwort ist unverbindlich und gelegentlich recht wichtig!

Sammeln Sie auch hier einen Vorrat! Es sollten möglichst anschauliche Sprichworte sein – und nicht zu kurze! Also nicht: „Ende gut – alles gut" oder „Aller Anfang ist schwer". Nehmen Sie Bilder! „Das Hemd war ihm wohl näher als der Rock" oder „Steter Tropfen höhlt den Stein" oder „Ein grober Klotz braucht einen groben Keil" – es werden Ihnen viele einfallen. Und der Moment, in dem der Angreifer denkt: „Aha – ja – kenne ich ... ach so meint er das – oder meint er das so?", kann Ihnen helfen, mit dem Vorwurf, dem Angriff, der Anschuldigung fertig zu werden und Ihre Ausrede oder Rechtfertigung allmählich einzuleiten.

Denn oft will sich Ihr Gegenüber keine Blöße geben! Er hat natürlich das Sprichwort in seiner etwas verfremdeten Form begriffen und bohrt nun nicht länger nach. Hat er es vielleicht nicht oder nur vage verstanden, lässt man oft die Gegenfrage „Was heißt das nun genau in Ihrem Fall?" sein. Ein intelligenter Mensch versteht auch, was man durch die Blume sagt!

4. Die Ausreden der Bibelfesten

Eine nahezu unerschöpfliche Quelle gut anzuwendender Ausreden sind biblische Zitate. Sagen Sie jetzt bitte nicht: „Ich bin kein Christ und habe dafür keine Verwendung!" Ich wette, dass Sie von den meisten, jetzt zitierten Redewendungen nicht wissen, dass sie Bibelworte sind. „Wenn dich die bösen Buben locken, so folge ihnen nicht!" Das hat König Salomon gesagt, nicht Wilhelm Busch. Und wie gut kann man das diplomatisch verwenden: „Tja, hätte ich nur den Rat Salomons befolgt: Wenn dich die ..." Sie haben nicht geantwortet: „Ich konnte nicht Nein sagen und habe den Scheck unterschrieben!" Möglicherweise stutzt der Beschuldiger: „Wieso Salomon? Das klingt wie Wilhelm Busch!" Und Sie sagen betrübt: „Die Weisheit ist leider schon vor 3.000 Jahren verkündet worden – die anderen haben sie nachgeplappert."

Wie viel Zeit haben Sie damit gewonnen! Oder: „Der Prophet gilt nichts im eigenen Land, sagte schon Matthäus." Und Sie vermeiden: „Ich hab' das ja von Anfang an gewusst!" Oder: „Vielleicht wollte Herr Meier teilhaben an den Brosamen, die vom Tische des Reichen fallen" – auch von Matthäus (15,27). Und Sie sprechen nicht aus: „Der Meier hat doch die Unterschlagung gedeckt!" Matthäus hat übrigens noch etliche kluge Weisheiten verkündet (17,4): „Hier ist gut sein, hier lasst uns Hütten bauen, hat sich wohl die Firma XXX gedacht!" Und damit haben Sie Ihr Urteil

verkleidet, welches sonst lauten würde: „Diese Schmarotzer wollten nur bei unserer Firma Profite machen!"
„Viele sind berufen, wenige auserwählt!" (Matt. 20,16) Damit haben Sie mit einem Bibelwort gesagt: „Da hat sich der gute Herr Müller aber gewaltig überschätzt!"

Gelegentlich empfiehlt sich statt einer eigenen eindeutigen Stellungnahme: „Tja, wie schon Matthäus (24,28) sagt – wo ein Aas ist, sammeln sich die Geier." – Zahlreiche dieser Zitate sind inzwischen Allgemeingut geworden. Manchmal erreichten sie die heute gebräuchliche Form, weil sie durch Übersetzungen, Überarbeitungen etwas abgeschliffen wurden. Oder wussten Sie, dass es der hochgelehrte Dr. Martin Luther war, der kundtat: „Wer nicht liebt Wein, Weib und Gesang, der bleibt ein Narr sein Leben lang"?

5. Sagen und Märchen und geflügelte Worte berühmter Schriftsteller

Es gibt Sagen und Märchen, die eine Redewendung in ihrer Geschichte haben, die sich später selbstständig gemacht hat. „Hannemann, geh du voran, du hast die größten Stiefel an!" Der Vers ist heute ironisch gemeint und ist eine Anspielung auf ein Großmaul, einen, der meint, alles besser zu können, obwohl er nur heiße Luft ausbläst. Wird sehr gern unter Kollegen verwendet. Wird der Satz vorgeschaltet: „Tja, der Meier hat sich wohl gedacht: Hannemann, geh du voran ...", bleiben Sie doppeldeutig. Geprägt wurde der Ausspruch im Märchen von den sieben Schwaben – stets ein Bild für Einfaltspinsel mit großer Klappe. Der sehr erfolgreiche Arzt Dr. Samuel Hahnemann, geb. 10.4.1755, der auf dem Gebiet der Homöopathie für die damalige Zeit Neuland propagierte, wurde bis zuletzt von hämischen Kollegen mit diesem Slogan verfolgt, die ihn damit verspotten wollten.

Eine Umschreibung für jemanden, der infam ist, intrigiert oder anderen Übles zufügt, ist das Reimwort eines Märchens: „Ach, wie gut, dass niemand weiß, dass ich Rumpelstilzchen heiß!" Das könnte man – statt die eigene Meinung zu verbreiten – als Ausrede verwenden für die Antwort: „Die intrigante Kollegin Müller meint, dass keiner ihre so kluge Taktik, Unfrieden und Verleumdung zu verbreiten, gemerkt hat! Irrtum! Einer hat sie doch durchschaut!" Das könnten Sie etwa sagen, wenn Sie direkt gefragt werden: „Und was sagen Sie zu den Anschuldigungen der Frau Müller über unseren Chef?" Ihre Antwort: „Na ja, die denkt sich wohl: Ach, wie gut, dass niemand weiß, dass ich Rumpelstilzchen heiß! Aber Rumpelstilzchen reißt sich vor Wut selber die Beine aus, als seine Bosheit entdeckt wird!" Jeder versteht, was Sie meinen. Aber Sie könnten immer sagen: „Oh, ich hab nur ein bekanntes Märchenbeispiel zitiert." Sie haben keinen Namen genannt! Sie haben von der direkten Anschuldigung der Kollegin Müller erst mal abgelenkt – das ist im Berufsleben übrigens oft anzuraten!

Es empfiehlt sich, bei den „geflügelten Worten", die man als Ausrede benutzt, möglichst dem Vers oder dem Zitat den Namen des Autors oder die Quelle anzufügen (Die 7 Schwaben bzw. das Märchen vom Rumpelstilzchen) Man kann es sich ganz gut merken, und außerdem ist es eine Form des Gedächtnistrainings.

Zum Beispiel:

„Ach, wissen Sie, schon Lessing sagte vor 250 Jahren: Wer über gewisse Dinge nicht den Verstand verliert, der hat keinen zu verlieren!" Lessing und die 250

Jahre verzögern beim Gegenüber die Reaktion. Und dieses Zitat überbrückt Ihre Schrecksekunde bei der etwaigen Attacke: „Was sagen Sie denn zu den Entlassungen? Die von der Direktion sind doch miese Trickser und verlogene Schweine!" Auch wenn Sie derselben Meinung sind – sollen Sie „Ja" sagen? Dann heißt es ganz schnell: „Der XXX hat ja auch bestätigt ..." Nichts haben Sie!! Sie haben Lessing zitiert!

Besonders anzuraten sind solche Füllsel, wenn außer dem Beschuldiger noch eine Person im Raum ist. Wie leicht steht dann in einem etwaigen Bericht: „XXX war auch der Ansicht, dass die Herren von der Direktion miese Trickser und verlogene Schweine sind." Und das wäre nicht so gut!

Möglicherweise kann aus einer heiklen Situation der Ausspruch helfen: „Wer lacht da? Bei Gott, ich glaub, ich war es selbst – wie es in der Emilia Galotti vom alten Lessing heißt." Damit blocken Sie eine Anschuldigung ab. Die kann a) jemanden aus dem Kollegenkreis betreffen, b) Sie selbst fühlen sich ertappt und schinden damit Zeit, mit der Situation fertig zu werden.

Brauchbar, und leider für zahlreiche wahre oder falsche Intrigen zu verwenden: „Schon Matthias Claudius wusste vor 200 Jahren: Greif nicht in ein Wespennest, doch wenn du greifst, dann greife fest!" Oder:

„Gottfried August Bürger wusste schon vor 200 Jahren: Wenn dich die Lästerzunge sticht, so lass dir dies zum Troste sagen, die schlechtesten Früchte sind es nicht, woran die Wespen nagen!" Wer also ganz gut Verse behalten kann, sollte sich diese Gabe nutzbar machen. Die meisten Verslein oder Reime sind ja eine Verteidigung gegen Vorwürfe, in die Sie verwickelt sind oder über die Sie sich äußern sollen. Also vor allem im Bereich des Berufslebens eine Schutzvorrichtung.

Bitte beachten Sie: Mut ist großartig, man riskiert allerdings dabei Kopf und Kragen. Zivilcourage ist notwendig – nur manchmal wird sie zum Bumerang für Sie selbst. Sie gewinnen jedoch durch die „Zitaten-Sprichwort-Strategie" die Zeit und Möglichkeit nachzudenken: Lohnt sich in diesem Fall die mutige und ehrliche Wahrheit? Halten Sie sich in seltenen Fällen an das schöne Wort von Theodor Storm (1817-88): „Blüte edelsten Gemütes ist die Rücksicht; doch zu Zeiten sind erfrischend wie Gewitter goldne Rücksichtslosigkeiten!" Hier finden Sie einige Zitate und geflügelte Worte, die Sie z. T. selbst benutzen und die viel sagend über eine Sachlage informieren: Und – *es hat immer ein Bedeutenderer als Sie diese Worte geprägt!*

Goethe/Iphigenie: „Man spricht vergebens viel, um zu versagen, der andere hört von allem nur das Nein." (Vielfach geeignet, wenn Beschlüsse der Gewerkschaft, der Firmenleitung, der Vereinsvertretungen verkündet werden, die vorher das Blaue vom Himmel versprachen.) Oder die Direktion gibt großartige Verbesserungen bekannt, und der Effekt ist gleich Null. Sagen Sie dazu Ihre Meinung durch diese Blume!

Ebenso für solche und ähnliche Situationen passen: Goethe/Faust: „Wenn nur dem Kopf nicht alle Hoffnung schwindet, der immerfort am schalen Zeuge klebt. Mit gieriger Hand nach Schätzen gräbt, und froh ist, wenn er Regenwürmer findet!"

Oder auch aus Goethes Faust: „Denn eben, wo Begriffe fehlen, da stellt ein Wort zur rechten Zeit sich ein. Mit Worten lässt sich trefflich streiten!"

Recht witzig ist auch der Satz von Johann Heinrich Voß, der vor 200 Jahren schon feststellte: „Das Neue daran ist nicht gut. Und das Gute daran ist nicht neu!"

Schillers Worte aus Fiesco kann man auch umschreibend anwenden – sie sind allerdings schon recht bekannt: „Der Mohr hat seine Schuldigkeit getan, der Mohr kann gehen." – So kann man diplomatisch zum Ausscheiden eines Kollegen aus der Firma antworten, wenn man gefragt wird.

Oder: Man erfährt von Veruntreuung, Unterschlagung auf höherer Ebene, Sie sollen sich dazu äußern. Zitieren Sie diplomatisch Heinrich Heine: „Was schert mich Weib, was schert mich Kind, lass sie betteln gehn, wenn sie hungrig sind!"

Wussten Sie übrigens, dass das heute so geläufige Wetterurteil auch von Heinrich Heine ist? 1850 meinte er „Unser Sommer ist nur ein grün angestrichener Winter." Gab es also schon vor 150 Jahren.

Eine Fülle gängiger Verse hat uns Wilhelm Busch hinterlassen. Sie sind Allgemeingut geworden. „Drei Wochen war der Frosch so krank, jetzt raucht er wieder, Gott sei Dank."

Oder: „Dieses war der erste Streich, doch der zweite folgt sogleich."

Oder: „Rotwein ist für alte Knaben eine von den besten Gaben."

Aber diese Worte sind als Ausreden nicht geeignet! Keiner braucht auch nur eine Sekunde darüber nachzudenken.

Bitte beachten Sie also:

Sie sind in einer Situation, in der Sie eine direkte Frage nicht direkt mit Pro und Contra, Ja und Nein beantworten wollen oder können. Sie haben also ein passendes Zitat zur Hand und lenken damit ab. Unterschätzen Sie nicht: Der Fragende, der Beschuldigende erfährt dadurch eine Schrecksekunde oder zumindest eine Verblüffung, eine Irritation: Wie meint er das? Was heißt das? Sein Gedankenfluss stockt und damit sein gezielter Angriff. Beide – Sie und er – müssen zwar wieder zum Ausgangspunkt zurück, aber die erste heiße Luft ist raus.

Mein Rat: Probieren Sie solche Ablenkungen bei harmlosen Gelegenheiten aus: Schwiegermutter beklagt sich zum 100-sten Mal über die laute Musik der Nachbarin. Ihre Freundin fragt dringlich, ob sie Opa ein Hemd oder eine Krawatte schenken soll, und die nette Kollegin breitet sich ausführlich über den unfreundlichen Ehemann aus. Versuchen Sie es! Verwenden Sie ein gut passendes Zitat. Sie werden merken: Die Irritations-Ausrede funktioniert!

6. Die Orakel-Ausreden

Ein großer und weiter Komplex geschickter Ausreden sind die Orakel-Antworten. Sie sind uralt, seit über 2.000 Jahren berühmt, und man hat darin höchst bemerkenswerte Lehrmeister.

Am bekanntesten ist noch heute das Orakel von Delphi in Griechenland. Im Apollontempel stiegen aus einer Erdspalte Dämpfe auf, die die Menschen zur Inspiration anregen sollten. Im Erdinnern saß – so erzählen es die Mythen – die Pythia auf einem heiligen Dreifuß und verkündete den Pilgern ihre Weisheit. Es war ein heiliges Zeremoniell, und die Menschen strömten zu dieser Stätte, um Lebensratschläge zu erhalten. Viele Sprüche der Priesterinnen wurden den Lauschenden von Priestern vorgetragen. Immer wieder hieß es jedoch: Über die Antworten müsse nachgedacht werden, denn ohne das eigene In-sich-Hören der

Fragenden würden sie unverständlich klingen und damit keinen Hinweis geben.

Die Ratsuchenden sollten hören und denken, um sich schließlich selbst zu entscheiden. Für die angebliche Vieldeutigkeit der Sprüche ein Beispiel: Als der lydische König Kroisos gegen die Perser Krieg führen wollte, befragte er das Orakel. Der Spruch der Pythia lautete: „Wenn Kroisos den Fluss Alys überschreitet, wird er einen großen Staat zerstören." Kroisos war über diese Aussage glücklich und begann siegessicher den Krieg. Er hatte den Spruch nicht bedacht, da er – blind gegen sich – meinte, das Persische Reich werde zerbrechen. Er opferte aber durch seine Niederlage sein eigenes großes Reich.

Hatte die Pythia gelogen?

Nein.

Hatte sie die Wahrheit gesagt?

Ja.

Allerdings merkte das der König zu spät.
Für ihn war die Antwort eindeutig – und trotzdem war sie falsch. Hatte die Pythia eine Formulierung benutzt, die man drehen und wenden konnte? Vielleicht eine Ausrede, um es dem König zu überlassen, die Wahrheit zu finden?

Wie die Pythia und ihre Priesterinnen in Delphi gaben auch die Sibyllen Antwort auf Fragen in Form eines Orakels, wie die Sibylle von Cumae in Italien.
Dazu ein Beispiel, weil es typisch ist wie kaum ein anderes.

Ein Krieger fragte – bevor er in den Krieg zog – nach seinem Schicksal. Die Sibylle dachte nach und verkündete: „In den Krieg ziehen – kämpfen – sterben nicht – nach Hause kommen."

Dies ist *eine* Version, eine andere könnte aber folgendermaßen formuliert werden, wobei kein Buchstabe verändert wird:

„In den Krieg ziehen – kämpfen – sterben – nicht nach Hause kommen."

Es kommt auf die Pausen an. Aber das ist äußerlich. Der Krieger soll nachdenken. Die erste Version mit der Betonung auf den Worten „sterben nicht", kann übermütig und leichtsinnig machen. Sie vermag aber auch dem Krieger eine gewisse innere Sicherheit zu verleihen. Die zweite Version „sterben – nicht nach Hause kommen" mag den Krieger eher fatalistisch stimmen. Wenn Sterben eine Ehre ist, dann wird dieser Krieger (etwa ein Spartaner) bis zum letzten Blutstropfen kämpfen, um im Jenseits als tapferer Held alle Ehren zu erfahren.

Der Krieger selbst also kann sich, soll sich entscheiden. Von dieser Entscheidung hängt es ab, wie er in eine Schlacht zieht. Er muss wissen, ob er nach Hause kommen oder in allen Ehren sterben will. Damit sind wir wirklich beim sinngerechten Kern des Orakels, der mit Wahrsagerei nichts zu tun hat.

Die Orakel und ihre Priesterinnen mit ihrer mystischen Kraft sind seit über 2.000 Jahren verstummt. Sie weisen keine Wege mehr. Die Doppeldeutigkeit von Aussagen, die eigentlich dazu bestimmt war, die Antwort in der eigenen Seele zu finden, wurde dann später als „Doppelzüngigkeit" ausgelegt. „Er spricht in Orakeln", heißt heute: Man weiß nicht, wie er es meint – so oder so. Er redet „drumrum", sucht eine Ausrede. „Wasch mir den Pelz, aber mach mich nicht nass!"

Die Zeiten haben sich geändert – die Fragen sind geblieben. Wer jedoch heute Probleme hat, breitet sie vor einem Psychologen oder Lebensberater aus und spricht mit ihm darüber. Schuldbekenntnisse beichtet man einem Geistlichen oder bekennt sie nahe stehenden Menschen.

Und damit werden die so Befragten oft vor sehr schwere Entscheidungen gestellt: Wie und was soll ich antworten? Man kann nur wünschen, dass dann die Ratschläge keine Ausreden sind. Meist bekennt man ja sehr diffizile seelische Nöte.

Eine sehr florierende Abart dieser „Orakelsprüche" können Sie tagtäglich in der Zeitung, in Illustrierten und Magazinen lesen.

Fragen Sie Frau Erika von der Heide
Vertrauen Sie Prof. Dr. Allwissend

Die Ratgeberspalten erfreuen sich offensichtlich großer Beliebtheit, sie dienen allerdings auch manchmal dazu, vermeintliche Leserbriefe mit gängigen Problemen zu fabrizieren − vom Hausredakteur.

Frau Marianne B. aus Bensheim fragt: „Seit drei Wochen habe ich den Verdacht, dass mein Mann eine Freundin hat, die er jeden Donnerstag besucht. Mir sagt er, er braucht einmal die Woche den freien Abend, um in Kneipen und Lokale zu gehen. Wie soll ich mich verhalten?" Und Frau Erika von der Heide gibt die orakelhafte Lösung kund: „Sie sind in einer schwierigen Lage: Einerseits glauben Sie, dass Ihr Mann eine Freundin besucht. Sie haben aber keine Beweise, weil Sie nicht wissen, wo die Freundin wohnt. So könnte er also doch ein paar Bierchen trinken gehen. Andererseits wissen Sie, dass er seit Wochen alle Kneipen, die Sie kennen, nicht besucht hat. Mein Rat: Wenn er eine Freundin hat, müssen Sie einschreiten und ernste Konsequenzen ziehen. Hat er aber keine, könnte Ihr falscher Verdacht die Harmonie Ihrer Ehe untergraben. Versuchen Sie also, genau zu recherchieren, damit Ihr Misstrauen leider bestätigt oder glücklicherweise grundlos wird."

Die orakelnde Erika von der Heide hat mit ihrem Urteil beide Türchen offen gelassen und der Fragenden die Entscheidung überlassen! Welch eine geschickte Ausrede, um die totale Unkenntnis der Situation zu verschleiern – eine Situation, die sie ja gar nicht kennen oder beurteilen *kann*! Sie weiß aber: Unsere momentane Stimmung, unsere Lage lässt uns immer mehr zu einer Seite tendieren, sodass wir den zweiten Weg gar nicht mehr deutlich wahrnehmen und der Überzeugung sind: „Erika von der Heide hat ja auch geraten, ich soll ..."

Erika von der Heide wägt fast immer ihre Antwort sorgsam ab. „Meine Tochter ist 13 und geht jeden Abend mit ihren Freundinnen in einen Jugendclub. Oft kommt sie spät nach Hause. Ich bin allein erziehend, was soll ich machen? Ich weiß nicht, was Ivonne da treibt, und habe Angst um sie."

Erika von der Heide kennt weder Mutter noch Tochter, geschweige denn das Lokal und sein Umfeld. Aber sie kann in ein paar Zeilen den rechten Weg weisen: „Heute genießt die Jugend nun mal viele Freiheiten, verbieten hilft da gar nichts. Also versuchen Sie lieber, Ivonnes Vertrauen zu gewinnen und ihre Freundin zu sein. Oder Sie laden die Mädchen und Jungs mal alle zu sich ein, geben eine kleine Party und verschaffen sich so ein Bild von Ivonnes Umgang. Vielleicht gelingt es Ihnen sogar, beides zu verbinden."

Es ist oft erstaunlich, welch tollkühne Ratschläge auf dem Papier erblühen – ohne jede Kenntnis der Realität! Und obwohl Erika von der Heide natürlich eine geprüfte Diplom-Psychologin ist, weicht sie geschickt auf die „Einerseits-Andererseits"-Ausrede aus.

Gefährlicher können die Informationen von Dr. Allwissend sein. Frau Renate M. aus Wunsiedel fragt: „Dauernd hab ich Kniebeschwerden, was mache ich da?" Antwort: „Die dauernden Kniebeschwerden können verschiedene Ursachen haben. Versuchen Sie erst mal leichtes Gehen, Wandern und Schwimmen. Gezielte Gymnastik könnte durchaus helfend sein, und natürlich eine Untersuchung, ob etwa der Meniskus beschädigt ist. Da gäbe es dann einige erprobte Hilfen, notfalls eine OP. Geraten ist eine Kost mit viel Obst und Gemüse, reichlich Getränken, eine regelmäßige Verdauung und ein proportioniertes Körpergewicht. Das kann schon sehr viel zu Ihrer Gesundheit beitragen." Kommt Ihnen das nicht vertraut vor? Man hat oft den Eindruck, die Redaktionen schreiben voneinander ab. Na ja – was soll Dr. Allwissend auch raten, wenn er den Patienten nie gesehen hat? Alle Ratschläge bleiben allgemein, unverbindlich und dehnbar. Er kann schon einen großen Erfolg verbuchen, wenn der Fragende ein Kilo abnimmt.

Die besten Schüler der sibyllischen Aussprüche und der delphischen Weisheiten sind die Verfasser von Charakteranalysen. Die schriftlichen Gutachten über Horoskope und Handschriften – ohne Kenntnis der lebenden Personen – werden über den Computer und seine mannigfaltigen Ausdeutungen gemacht.

Zum Beispiel: „Sehr stark ausgeprägt ist bei Ihnen die fürsorgende, beschützende Hingabe an Ihre Umwelt. Da sind Sie bereit, alle Opfer zu bringen. Andererseits aber benötigt Ihr stark ausgeprägter Stolz, Ihr Selbstwertgefühl die unbedingte Anerkennung. Sie bleiben unauffällig und bescheiden im Hintergrund – in einer entscheidenden Situation packen Sie jedoch mutig den Stier bei den Hörnern und ergreifen die

Initiative." – Merken Sie – die Pythia lässt grüßen! Natürlich haben wir von allen Anlagen auch den Gegenpol in uns – das machen sich „Orakelsprüche" zunutze. *Sie stimmen fast immer in den überwiegenden Aussagen für jeden!* Kein Wunder, der Computer kennt Sie ja nicht. Aber durch Alter, Geschlecht, Beruf kann er etwas differenzieren. Da in den Charakteranalysen mehr oder weniger versteckt auch der Gegenpol zu Wort kommt, kann jeder etwas mit der Auskunft anfangen. In der Gemütslage, in der Sie sich just befinden, lesen Sie genau *den* Pol, der jetzt für Sie zutrifft, hören exakt *die* Worte, die auf Sie gemünzt scheinen. Bitte fügen Sie die halben Sätze der Charakteranalyse mal zusammen. „Sehr ausgeprägt ist die beschützende, umsorgende Hingabe an Ihre Umwelt, da sind Sie bereit, alle Opfer zu bringen ... Sie bleiben unauffällig und bescheiden im Hintergrund." Wenn Sie sich gerade in dieser Lebens- und Gemütslage befinden, können Sie Ihrem „Charakterbild" voll zustimmen.

„Andererseits aber benötigt Ihr stark ausgeprägter Stolz, Ihr Selbstwertgefühl die unbedingte Anerkennung ... In einer entscheidenden Situation packen Sie den Stier mutig bei den Hörnern und ergreifen die Initiative." Na, stimmt das etwa nicht? Sie haben gerade den Entschluss gefasst, sich die dauernde Nörgelei Ihrer Schwiegermutter nicht mehr gefallen zu lassen, und sie vor allen Familienmitgliedern zur Rede gestellt. Ihre Charakteranalyse stimmt also in dieser Situation haargenau! Die modernen Sibyllen sprechen die gleichen Wortgebilde wie die Pythia zum König Kroisos.

Die hatte nicht gelogen. Auch unsere heutigen Analytiker einschließlich Computer tun das nicht. Man kann die Zweigleisigkeit als Ausrede auffassen: Die direkte einseitige Aussage wird vermieden.

Man kann aber ebenso gut sagen: Wie zu Zeiten der orakelnden Pythia muss sich der Lesende und Hörende entscheiden, welche Seite bei ihm berührt wird.

Meistens werden aber weder Erika von der Heide noch Dr. Allwissend so ganz ernst genommen. Es ist eher das Erkennungsmotiv: „Die haben also die gleichen Sorgen wie ich", das Jahr für Jahr mit den gleichen Themen diese Ratgeberspalten füllt.

Im Gegensatz dazu steht die individuelle Charakteranalyse. Sie ist meist in einer Entwicklungs- oder Krisenphase akut und die Bestätigung einer schwierigen Lage – mag sie nun zutreffend oder nur zufällig sein.

7. Die Ausreden der Politiker

Zu allen Zeiten verfügte und verfügt eine Spezies über eine Fülle von Ausreden, die wir immer wieder hören und die uns stets und ständig berieseln. Mal sind sie mit schwarzer, mal mit roter oder grüner Tinte geschrieben. Besonders vollmundig werden sie vor Wahlen verkündet, nach Wahlen wiederholt und von der Gegenseite widerlegt. Später beschönigt, vertröstet, aufgeschoben, zerredet und vergessen. Es sind dies die vielfältigen Politikerreden. Und weil keiner das realisiert hat, was er versprach, hat man ein bemerkenswertes System erfunden, die direkte Frage zu umgehen, abzulenken, durch Gegenfragen das Thema geschickt von sich wegzuschieben, und wenn es gar nicht anders geht, durch „zwingende Maßnahmen" die eigene Wandlung zu entschuldigen, die ja nur durch die Gegenreaktion der anderen entstanden war – und somit ist man eigentlich gar nicht der Verursacher, sondern ein Opfer der Gegenseite ... Merken Sie etwas: Mit diesen meinen acht Zeilen ist dies fast so ein Bandwurm-Satz, wie ihn Politiker lieben, um mit Umwegen und Ausreden vom Kernpunkt abzulenken und dadurch eine Antwort zu vermeiden. Darin sind alle Meister – geschult und präpariert.

Eine besondere Delikatesse sind bei Wahlen stets die Redekunstgebilde der Verlierer. Verblüfft fragt sich der Zuschauer hinterher: Haben die eigentlich die Wahl verloren ... oder doch die Wahl gewonnen?

Die erste Frage der Berichterstatter an die Vertreter aller Parteien lautet: „Was sagen Sie zu der Niederlage Ihrer Partei?" Antwort: „Lassen Sie mich zuerst allen unseren Wählern danken, die mit unerhörtem Einsatz und großem Engagement uns ihre Stimme wieder gegeben oder neu gegeben haben. Das ist die Bestätigung unserer Politik, auf dem eingeschlagenen Weg mit den von uns anvisierten Zielen weiter fortzuschreiten – obwohl wir zweifelsohne diesmal Stimmen eingebüßt haben. Aber vergessen Sie nicht, unser Ergebnis bei den letzten Wahlen im Bundesland XXX sowie in YYY waren überdurchschnittlich hoch, so dass natürlich die Erwartungen dementsprechend ausgefallen waren ..." Und so geht es in gefälligen Schlaufen und Tiraden weiter, indem jede Niederlage, jeder Verlust durch zurückliegende Daten, Fakten und Zahlen gleichsam aufgehoben wird. Eine bemerkenswerte Taktik, in der die Parteien und Vertreter aller Farben natürlich geschult werden. Und zwar nach dem gleichen Muster.

Achten Sie mal darauf! Es ist schon fast komisch, wie sich die Argumente aller Verlierer ähneln, wie die Antworten nach dem Orakelprinzip aufgebaut sind: Man könnte es als Niederlage bezeichnen – aber es ist eigentlich keine, wenn man die Umstände, die Voraussetzungen und die zurückliegenden Erfolge bedenkt.

Inzwischen geht man allerdings dazu über, massive Erdrutsche bei den Wählerstimmen mit Einschränkungen zuzugeben. „Zweifellos hat die Korruptionsaffäre X, der Rücktritt von Y, die Wahlniederlage im Nachbarland Z dazu beigetragen, dass ..."

Die Ghostwriter, die politischen Redeschulungs-Kräfte, müssen beim Erfinden der Ausreden für Regierungssprecher äußerst diplomatisch, sophistisch und polemisch vorgehen. Sie sind auf diesem Gebiet Spitzenkräfte und balancieren zwischen Lüge und Wahrheit auf dem Grat von „sowohl – als auch". Ihre Perfektion ist bewundernswert. Ob sie erstrebenswert ist, bleibt dahingestellt.

8. Die Ausreden bei Rechenschaftsberichten

Auf der gleichen Stufe bewegen sich die so genannten Rechenschaftsberichte von Banken, Konzernen, Unternehmen. Eigentlich haben sie enorme Verluste und geben einen Bankrott bekannt. Aber die Ausreden ihrer Sprecher verkleiden dies als Fusion, Umstrukturierung, Neuorientierung, Modernisierung durch Automatisierung – und da immer auch ein Körnchen Wahrheit dabei ist und keine ganz direkte Lüge, nennt man dies Argumentieren oder geschicktes Taktieren und umgeht die bittere Wahrheit der zahlreichen Entlassungen.

Überlegen Sie bitte: *Diese Ausreden, diese geschönten Lügen oder verfremdeten Wahrheiten werden uns in den Medien und in der Presse tagtäglich geboten von Personen in Amt und Würden und größter Verantwortlichkeit!* Warum sollten wir diese Taktik nicht benutzen, um das eigene Image zu bewahren, Verletzungen zu vermeiden, Demütigungen und Beschimpfungen zu entgehen? Wir versuchen nur die eigene Haut zu schonen und vielleicht sogar zu retten. Und meistens bewegen sich *unsere* Ausreden im begrenzten Radius des Alltags, vorwiegend im Berufsleben. Und zwar nach dem gängigen Muster:

a) Man weist uns eine Schuld, ein Versagen, einen Fehler nach.
b) Man verdächtigt oder beschuldigt uns, Fehler, Versäumnisse oder Nachlässigkeiten begangen zu haben, und wir haben dafür kein Alibi, keine Entschuldigung, keine Rechtfertigung.
c) Man bringt uns mit unangenehmen Fehlern in Zusammenhang, kann dies aber schwer oder gar nicht beweisen.

Die goldenen Lebensregeln der Ausreden lauten:

1. Man ist nie selbst schuld.
2. Die anderen waren es.
3. Die Umstände haben dazu geführt.

In fast allen Berufssparten und in allen Arbeitsbereichen werden immer die gleichen Fehler begangen oder entdeckt oder angeprangert! Das ist für Ihre richtige Reaktion von entscheidender Wichtigkeit!

In einer Autowerkstatt wird kaum der Vorwurf erhoben: „Herr Meier, dieser Brief an Firma X wurde zu spät herausgeschickt, der ultimative Termin ist verstrichen, es sind Terminfehler im Brief, der Schaden ist enorm."

In einer Arztpraxis wird man schwerlich den Zornesausruf hören: „Wer von euch hat das Elektrokabel

8. Die Ausreden bei Rechenschaftsberichten

montiert, bevor der Estrich über den Boden gegossen wurde!"

Wir wollen im Folgenden einige Berufsgruppen unter die Lupe nehmen sowie ihre gängigen Ausreden, die allgemein bekannt sind und uns immer wieder verärgern.

Kapitel 4

Die Ausreden verschiedener Berufsgruppen

Münchhausen und Schwejk lassen grüßen

1. Die Ausreden in Behörden

Die Zielscheibe wütender Angriffe sind oft die Behörden: falsche Auskünfte, schleppende Antworten auf Anfragen, keine Reaktion auf Beschwerden.

Bitte beachten Sie:

Regel 1: „Man ist nie selbst schuld."
Regel 2: „Die anderen waren es."

Also heißt es: „Da muss ich mir erst Einblick in die Unterlagen verschaffen, ich habe den Vorgang nicht bearbeitet." Früher wurden Akten gewälzt, heute wird meist der Computer abgefragt. Der Diensttuende ist nun beschäftigt, Namen, Nummer, Person des Beschwerdeführers auf den Bildschirm zu zaubern. Gern kommt dann der Einwand: „Ach, der will mal wieder nicht ... na, komm schon –, also alles noch mal ..." Können Sie das kontrollieren? Nein. Aber nun geht es weiter. „Aha, da ist offenbar was schief gelaufen oder verschlampt worden ... so was! Also ich kann mich an den Vorgang nicht erinnern. Möglicherweise habe ich ihn aufgenommen, wie Sie ja meinen. Aber dann hat sich mein Kollege mit der Sache beschäftigt ...

Und damit sind Nr. 1) und 2) der goldenen Behörden-Ausrede-Regeln befolgt: Man ist nie selbst schuld, die anderen waren es.

Und nun kommen die vertrauten Sprüche:

„Der bearbeitende Kollege hat gerade Tischzeit ...", „heute seinen freien Tag ...", „Betriebsratssitzung ...", „... hat Außendienst", „ein Kollege ist krank ..." „zwei haben Urlaub ...", „der Vorgang ist an eine andere Dienststelle geleitet worden ..."

Alles Ausreden, die vielleicht auch mal stimmen. Aber der wütende Antragsteller hört sie zu oft und wartet schon zu lange. Also sollte man versuchen, Ausrede 1) und 2) etwas anders zu formulieren und damit für bessere Stimmung zu sorgen. Ein recht geschickter Beamter nahm alle Ausreden entgegen mit einem aufmunternden: „Also schau'n wir mal – wie der Beckenbauer sagt – und der hat auch alles hingekriegt." Möglicherweise stimmt er damit einen Fußballfan schon geneigter.

Eine andere Möglichkeit der Antwort:

„Die Verfügung (der Antrag) ist neueren Datums (ist immer etwas schwierig). Ich hab' auch meine Probleme damit, jedesmal! Also lassen Sie uns beide mal sehen, was da schief gelaufen ist ..."

Sehr gut! Der Beamte stellt sich runter vom Sachbearbeiterpodest auf die gleiche Ebene wie der Besucher.

„Aha ... warten Sie mal. Moment ..., ja, das soll wohl heißen ... man muss sich ja auch mit den Bestimmungen vertraut machen ..."

Auch sehr gut. Natürlich kennt der Sachbearbeiter die Verfügung in dem verklausulierten Beamtendeutsch. Aber diese Teilnahme und die eigene (gespielte) Unkenntnis stimmen den Betroffenen versöhnlicher.

„Jetzt weiß ich, warum das offenbar so lange gedauert hat, ach, diese Verfügungen und Gesetze! Wir stöhnen auch! Dauernd was Neues. Und im Vertrauen, diese Computer ... Letzte Woche totaler Ausfall! Möglicherweise – wahrscheinlich ist auch Ihr Antrag diesem Chaos zum Opfer gefallen. Wir haben natürlich alle versucht, die Ausfälle auszugleichen. Aber höchstwahrscheinlich sind Sie dann bei einer ganz anderen Stelle gelandet. Also, schlimm! Wissen Sie was? Haben Sie etwas Zeit, dann machen wir das jetzt gemeinsam!" – Wäre optimal. Geht natürlich nicht immer, wegen Zeitdruck, aber zeigt Bereitschaft.

Ganz passabel ist auch bei älteren Antragstellern die Klage über die heutige Jugend. „Ach, meine Güte ... ich seh' schon, ich hab' das unterschrieben, seh' ich schon ... aber im Vertrauen ..." und jetzt etwas kumpelhaft verschwörend: „Wir haben neue Mitarbeiter, die direkt von der Schule ... (oder Azubis, Umzuschulende). Na ja, nichts gegen die jungen Leute, wollen ja auch was lernen, klar, aber wenn man nicht jedes Wort kontrolliert, dann ... Sie verstehen. Also ich werde persönlich ..." Und keiner merkt, wer da den Antrag verbummelt hat.

Ganz schlecht ist die patzige Ausrede.
„Wir sind auch nur Menschen!" „Wir können nicht mehr als arbeiten" – „Sie können sich ja beschweren!" „Ich hab' Ihnen das doch schon dreimal erklärt: hier müssen Sie ausfüllen und da ..."
Der Antragsteller wird wütend. Er arbeitet ja auch. Nur etwas anderes. Aber eine Beschwerde verzögert

womöglich alles. Eine Krähe hackt der anderen kein Auge aus. Und nun wird er noch als dumm hingestellt, nur weil er diese Gesetzes-Bandwürmer nicht versteht. Sehr bewährt hat sich bei solchen flapsigen und frechen Antworten die laute und deutliche Gegenfrage: „Wissen Sie, wie Sie ein flash over über das Layout legen, damit der Sound beim Hearing nicht overdrived wirkt?" (Werbebranche) Oder als Arzt: „Wissen Sie vielleicht, dass die tiefe obturierende Venenthrombose eine Erweiterung der oberflächlichen Signalvenen durch die Einschaltung von Kollateralkreisläufen verursacht? Nein? Das wundert mich. Davon verstehen *Sie* eben nichts. Und jetzt erklären *Sie* mir bitte noch einmal deutlich, was ich machen muss!" (aus: „Die Rezirkulationskreise der primären Varikose" von Dr. Wolfgang Hach, S. 15).

Sie können mit drei Sätzen – gespickt mit Fachausdrücken – dem anderen etwas Wissen aus Ihrer Branche an den Kopf werfen, um ihm zu zeigen: „Das verstehe *ich* – *du* hast diese amtlichen Verklausulierungen deutlich zu machen!" Ein paar Formulierungen aus Ihrem Berufs-Wortschatz, die Sie kurz, laut und deutlich sagen, können oft eine Wirkung zeigen. Ich verhehle aber nicht, dass der Beamte leider oft am längeren Hebel sitzt und nachtragend sein könnte. Aber Zivilcourage – auch mit Worten – hat noch nie geschadet.

Hier ein paar Hinweise aus Fachgebieten. Sie müssen natürlich diese Berufszweige gut beherrschen. Es ist *Ihr* Fachjargon: z. B. Gen-Forschung. „Wussten Sie, dass die Selbstreplikation im Zentrum vieler Diskussionen über den Umgang mit der Nanotechnologie steht? Leider kann sehr leicht eine falsche Vorstellung von selbstreplizierenden Systemen entstehen, weil die

1. Die Ausreden in Behörden 81

meisten von uns nur biologische Systeme dieser Art kennen. Dann unterstellen wir ganz automatisch, dass die selbstreplizierenden Systeme der Nanotechnologie diesen biologischen Systemen gleichen müssten. Das ist jedoch vollkommen falsch." (FAZ, 11.9.2000)

Oder Sie arbeiten als Musiker in einem Orchester: „Wussten Sie, wie versöhnlich und spielerisch der Tonfall des Finalsatzes wirkt, der als *Rondo* angelegt ist und seine Bewegungsenergie größtenteils aus seinem synkopisch vorangetriebenen Klavierthema bezieht? Eine erste kontrastierende Episode beginnt zwar zart und chromatisch: An ihrem Ende kündigt aber der zweimalige Ruf des Synkopenmotivs in Horn und Trompete die Wiederkehr des Anfangsritornells an." (aus dem Reclam-Konzertführer, Joh. Brahms Klavierkonzert Nr. 1).

Natürlich ist es nicht notwendig, dem missmutigen Beamten eine Fachbemerkung so ausführlich und betont unverständlich an den Kopf zu werfen. Ein, zwei Sätze mit unüblichen Fachworten reichen. Wenn Sie Apothekerin sind, könnten Sie kontern: „Sie lesen täglich die Verfügungen der Einkommensteuererklärung und wissen sofort, was das bedeutet. Ich bin über die mg der Acetylsalicylsäure, des Cellulosepulvers und der Maisstärke informiert, wenn Sie von mir Aspirin gegen Kopfschmerzen verlangen. Da kann ich Sie belehren. Was muss ich also bei der Steuererklärung beachten?" Alle Berufe haben ein internes Fachwort-Vokabular. Genau so, wie alle Hobbyisten Begriffe gebrauchen, die der Laie auf diesem Gebiet einfach nicht verstehen kann. Der Beamte hinter dem Schalter hat keinen Grund, uns unsere Unkenntnis auf behördlichem oder juristischem Gebiet spüren zu lassen. Leider wollen wir meistens etwas von den Institutionen und müssen entsprechende Anträge stellen. Und da wir fast immer in der schwächeren Position sind, bemühen sich die Angestellten der Behörden mit Publikumsverkehr kaum um passende Ausreden für Verzögerung, Bummelei oder unterlassene Bearbeitung.

Wenn Sie selbst zu der Gruppe dieser Angestellten oder Beamten gehören, haben Sie natürlich diese Ausrede:

Zermürbend, diese ewig gleichen dummen Fragen! Das geht einem an die Nieren! Da kann man nicht gelassen bleiben! Man ist völlig überfordert!

Sie haben ja Recht. Aber bedenken Sie: Alle Berufe haben eine schwache Stelle, eine Achillesferse, einen neuralgischen Punkt. Sei es Zeitdruck, sei es ein Übermaß an Verantwortung, sei es die dauernde Forderung nach Weiterbildung (etwa auf dem Gebiet Computer, Informatik, moderne Medieninformation). Sie müssen Forschungsgebiete integrieren (wissenschaftliche Arbeiten, moderne Zahntechnik). Neue Maschinen und Instrumente erfordern einen Lernprozess für Bedienung und Handhabung. Überall sind Berufstätige einer Anspannung ausgesetzt. Es gibt also keine Berechtigung in der Hierarchie der Behörden, den Antragsuchenden überheblich entgegenzutreten.

Neuerdings gibt es schriftliche Ausreden und Entschuldigungen, die für den Normalbürger nicht mehr nachprüfbar sind. „Wir haben unser Abrechnungssystem den vermehrten Anforderungen angepasst und auf das neue XY-System umgestellt. Bedauerlicherweise ist dies mit Verzögerungen verbunden ..." oder „... sind damit einige fehlerhafte Ausdrucke in Umlauf gekommen, die hiermit per Korrektur richtig gestellt werden ..." Wer bohrt da nach? Wer kann solch ein System prüfen? Wem sind die Fehler unterlaufen? Wer ist verantwortlich? Niemand. Meist ist so ein Schreiben maschinell erstellt und trägt keine Unterschrift.

Und damit kommen wir zum beliebten dritten Teil der goldenen Lebensregeln:

Die Umstände haben dazu geführt.

Das ist die Schuldzuweisung an ein Gremium, das undurchschaubare Prinzip einer jeden Struktur.

Der Vorstand – der Betriebsrat – die Gewerkschaft – das Direktorium. Wer ist das? Niemals einer, immer eine diffuse Gruppe, aus der allenfalls einige Namen bekannt sind. Wer ist im Vorstand? Man weiß: Herr X, Herr Y, Frau Z und andere. Wer hat so oder so entschieden? Wer war dafür, wer dagegen? Der Entschluss kommt „vom Vorstand". Der hat mehrheitlich verkündet und gesprochen. Was ist also bequemer und auch verantwortungsleichter als die Ausrede: „Die dort oben haben angeordnet ..." Mit bedauerndem Achselzucken schiebt man froh alles von sich. Man braucht selbst keine Ausrede zu erfinden, sich abzumühen, um aus dem Schlamassel herauszukommen! Die anderen waren es – und die sind in einem solchen Fall so hoch oben und als Gruppe anonym, dass man sie ruhig zum Sündenbock machen kann.

Politiker sind die Ausnahmen bei Parteitagen und Parteiversammlungen. Machthunger, Geltungssucht und die Eitelkeit der Selbstdarstellung drängen aus der Anonymität heraus an die Öffentlichkeit. So nimmt man sogar bekennend die Schuld auf sich – nur wird sie meist als Anklage gegen die Widersacher, als Verteidigung für das eigene Verhalten formuliert. Verursacher waren die bestehenden Verhältnisse! Auch wenn man selbst versagt hat – die eigentlichen Auslöser waren die Umstände!

Damit erreicht man flugs den Gipfel der drei goldenen Lebensregeln: *Die Umstände haben dazu geführt!* Je höher angesetzt, umso undurchschaubarer und unangreifbarer.

Ist das nicht fabelhaft?

Und dieses System funktioniert auf der ganzen Welt!

Denn die Welt kommt ja Abend für Abend bunt und deutlich in unser Zimmer.

Da sieht man ein großes Fische- und Vögelsterben an der Küste. Warum? Ein Tanker aus dem Land A hat Öl verloren.

Warum? Hat es ein Matrose auf Befehl des Kapitäns ins Meer abgelassen?

Nein! Da war im Schiff ein Leck.

Warum ein Leck? Wem gehörte das Schiff? Der Reederei B.

War das Schiff nicht gewartet worden? Doch! Zwar alt, aber gewartet.

Warum gab es kein neueres Schiff? Weil der Reeder und das Land kein Geld haben.

Warum haben sie kein Geld? Weil die Reichen ihm nicht genug zahlen.

Aber warum zahlen die Reichen im Lande nicht und die anderen in der Welt auch nicht? Weil ... weil ... weil ... Und nun können Sie vor- und zurückdrehen in diesem simplen Kinderbeispiel: Alle haben eine Ausrede. Niemand hat Schuld. Die anderen waren es ... und die Umstände.

Was unser Hänschen schon recht früh in der Familie abgeguckt und später praktiziert und in der Schule weiterentwickelt hat – das ist ein großes Gespinst geworden, in das wir alle mehr oder weniger verwickelt sind.

2. Die Ausreden der Autofahrer

Sie haben inzwischen gemerkt, dass man bei Ausreden das Verblüffungsmoment ganz vorrangig einsetzen muss. Sie können auch sagen: „Der (oder die) ist schlagfertig ... fällt immer etwas ein ... ist nicht auf den Mund gefallen ..." Dies sind – zwar leicht abfällig gemeinte – im Grunde versteckte Anerkennungen, meist von Leuten, die das selbst nicht können. Es muss natürlich ein gewisser Wahrscheinlichkeitsgrad gegeben sein.

Ein Riesenreservoir an Ausreden haben Autofahrer parat, wenn sie bei einer Verkehrssünde ertappt werden. Die Wahrheit könnte lauten: „Das Rot an der Ampel hab ich nicht gesehen, die Sonne blendete mich."

„Das Einbahnstraßenschild war von dem LKW vor mir verdeckt." „In der Parklücke war genügend Platz, ich bin nicht auf den Vordermann aufgefahren."

„Mein Tacho zeigte exakt 50 und nicht mehr an!"

Aber diese Wahrheiten schützen oft nicht davor, dass man zur Verantwortung gezogen wird, weil man etwas nicht beweisen kann. Wenn man jedoch mit der Polizei konfrontiert wird, ist es auch besonders schwierig, für die wirklich verursachten kleinen Delikte Erklärungen zu haben. Die Tatsachen sind messbar und nachprüfbar. Die Angst, den Führerschein zu verlieren oder zur Kasse gebeten zu werden, sitzt natürlich tief. Und die Ausrede von „dem einen Bierchen" wird durch Pusten ganz schnell zur dicken Lüge.

Manchmal schützt allerdings auch die Wahrheit nicht vor Misstrauen behördlicherseits. Ein Familienvater erzählte mir, dass er mit seinen Kindern auf Fotosafari war. Die Elefanten in dem Areal waren zutraulich und zahm. Als der eine dann allerdings dem haltenden Auto sehr nahe kam, die Kinder aufquietschten und schrien, weil der Elefant seinen Rüssel auf das Autodach legte, fuhr er doch lieber vorsichtig weiter.

Wie verblüfft war er, als ihn nach dem Verlassen des Geländes ein Polizist anhielt und fragte, woher die tiefe Delle auf seinem Dach herkäme. „Was, eine Delle? Die hab ich in der Aufregung und dem Lärm gar nicht bemerkt! – Der Elefant hat nämlich seinen Rüssel draufgelegt!" Dem Polizisten erschien diese Antwort als Gipfel der Schwindelei und der Fahrer musste sofort zum Alkoholtest. Er hatte nichts getrunken.

Eine belustigende Geschichte hörte ich unlängst in den Kirchennachrichten. Ein Pfarrer im entlegensten Spanien mit etlichen Gemeinden, die er sonntags allein versorgen musste, da sich die kleinen Dörfer oft keine eigene Pfarrei mehr leisten konnten, wurde von einer Autostreife angehalten. Der Alkoholtest fiel zu seinen Ungunsten aus. Der wackere Mann verteidigte sich wortreich. „Sechsmal Hl. Messe am Sonntag, und immer den Messwein auf nüchternen Magen – das kann der Frömmste nicht ohne Folgen verkraften." Ob das die Hüter des Gesetzes gelten ließen oder streng nach Vorschrift handelten, wurde nicht bekannt gegeben.

Gelegentlich kann eine Ausrede aber auch eine hilfreiche Wirkung haben. Eine Fahrprüfung:

Ein Fahrschüler hält kurz vor der Straßenbahn-Endhaltestelle. „Warum halten Sie hier?"

„Hier steigt der Straßenbahnschaffner oft aus und geht ins Café auf der anderen Straßenseite zum Frühstücken. Das habe ich mehrmals beobachtet. Und wenn man die Straßenbahn einfach überholt, sieht man ihn eventuell erst, wenn er auf der Straße ist." Der Schüler bestand die Prüfung.

Hier war die Ausrede glaubhaft und möglich. Beim Vorbeifahren konnte es durchaus Stellen geben, wo man die Straßenbahnfahrer nicht bemerkte. Da der Fahrschüler nach dem kurzen Stopp unbeirrt weiterfuhr, war der Moment des eventuellen Zweifelns und Nachprüfens beim Lehrer verpasst.

Beachten Sie bitte: In Verkehrs-Situationen ist es meist am klügsten, keine Lügengespinste aufzubauen. Vor allem, wenn andere davon betroffen sind. Ich wage hier auch keine Ausreden anzubieten. Die könnten juristisch und finanziell ins Auge gehen. Denn ohne einer Branche zu nahe zu treten, sind die Schlupflöcher und Rechtsverdrehungen bei Versicherungen oder juristischen Institutionen für den Laien undurchschaubar und – gerade, wenn es um Geld geht – oft kriminell. Dies kann man aus dem Begriff „Ausreden" ausklammern: Wir haben also die Gruppe der Autofahrer, deren eindeutiges Ziel es bei Ausreden ist, sich von aller Schuld und Verantwortung frei zu reden, um den kostbaren Führerschein nicht zu verlieren. Es reicht auch schon, wenn er bei kleineren Delikten für eine Zeit entzogen wird. Auch die Geldstrafe kann beträchtlich einschneiden.

Die verzweifelten Rechtfertigungsversuche – vor allem bei schweren Vorkommnissen – sind deshalb so massiv, weil Existenzen davon betroffen oder bedroht sind. Viele Berufe sind auf das Auto angewiesen.

Ziemlich fadenscheinig sind dagegen die Ausreden, die beim Schwarzfahren in öffentlichen Verkehrsmitteln verwendet werden.

3. Die Ausreden der Schwarzfahrer

Eigentlich muss niemand ohne zu zahlen den Bus oder die Straßenbahn benutzen. Er könnte meistens auch laufen.

Aber gerade hier ist es sehr beliebt, in das Vehikel zu springen und – „wird-schon-keine-Kontrolle-kommen" – Vogel-Strauß-Politik zu praktizieren. Bei Kindern und Jugendlichen ist oft eine Mutprobe der Auslöser: „Wetten, du traust dich nicht ... ?" Und die beliebte Rechtfertigung: „Der Alex hat gesagt, ich soll das machen, ich werde noch nicht bestraft" nützt herzlich wenig. Das „arglose Kindergemüt" weiß nämlich ganz genau, dass es sich damit strafbar macht. Leider muss man oft an kleinen Sünden üben und lernen, dass man nicht durch alle Maschen des Gesetzes schlüpfen kann.

Die sehr oft versuchte und sehr beliebte „Kannitverstan"-Tour zieht auch nicht mehr. Jeder Fremde weiß aus seinem Heimatland, dass man für die Beförderung in Transportmitteln etwas bezahlen muss. Jeder bekommt die einfachsten Regeln auch in neuer Umgebung gesagt oder gezeigt.

Das Hauptargument: „Das Geld kann ich mir sparen" ist oft mit einer Art Kitzel und Lust am Spiel mit dem Erwischtwerden gepaart. Die Fülle der Ausreden kann fast jeder Kontrolleur mühelos abspulen. Es gibt sogar Sammlungen über die kuriosesten Begründungen, und Zeitungswitze bedienen sich in allen Varianten immer wieder dieser Antworten.

Da will jemand „gerade nach Hause fahren", weil er entdeckt hat, dass er sein „Portemonnaie vergessen hat".

„Ich wollte an der Tür sehen, ob eine Bekannte im Wagen sitzt, da fuhr die Bahn schon los."

„Der Fahrkartenschalter ist leider kaputt, – und ich hatte kein Kleingeld ..."

„Ich muss heim, mein Kind hat keinen Schlüssel ..."

„Mein Junge hat eben den Fahrschein verschluckt, um mich zu ärgern ..."

„Der Fahrschein ist mir beim Automaten runtergefallen und der Wind hat ihn verweht ..."

„Ein Fahrschein gilt doch den ganzen Tag, ich hab ‚Tageskarte' gedrückt ..."

„Den muss mir jemand aus der Manteltasche geklaut haben, am Automaten standen mehrere Leute ..."

„Mein Freund hatte den Fahrschein, der ist an der vorigen Haltestelle ausgestiegen und hat vergessen, ihn mir zu geben ..."

Ein Kollege von mir hatte öfter längere Eisenbahnfahrten zu machen, beruflich und privat. Nach etlichen „Probefahrten" hatte er genau recherchiert, wann und wo etwa die Kontrolle zusteigt oder wechselt, wo sie beginnt oder endet, welche Umsteigebahnhöfe günstig sind, um den Wagen zu wechseln. Er war sehr wortgewandt, je nach Anzahl der Fahrgäste verwickelte er die kontrollierenden Damen oder Herren in ein Gespräch oder blieb danach unsichtbar für sie bis zum Aussteigen, – wobei er die Kriminal-Masche: „Einschließen im Klo" nur selten benutzte. Er erzählte seine Münchhausereien immer zu unser aller Vergnügen.

Erwischt wurde er nie – sagte er.

Oder war das eine Ausrede?

Ausreden wuchern in fast allen Berufen! Meist aber in den gleichen Gleisen, die schon recht ausgefahren sind, aber fast automatisch funktionieren.

4. Die Ausreden der Sprechstundenhelferinnen

Auch wenn das erhabene Bild der „Götter in Weiß" schon auf wackelndem oder bröckelndem Podest steht, sind es gerade hier die Helfer und Mitarbeiter in Sprechstunden und Wartezimmern, die dieses Bild konservieren.

Selbst wenn man zu einer bestimmten Zeit bestellt ist, warten muss man immer – als Patient. Der Arzt wartet nie auf uns.

„Er hatte so lange im OP zu tun."

„Es kam heute ein Notfall dazwischen."

„Der vorige Patient brauchte eine längere Beratung – statt einer Viertelstunde eine ganze Stunde!"

Alle Sprechstundenhilfen sagen immer das Gleiche.

„Der Doktor muss heute alles allein machen, der Kollege ist krank geworden."

„Der Computer hatte eine Panne, dadurch hat es sich leider verzögert."

Es kann alles stimmen. Natürlich. Bei allen Berufen, die auf unvorhergesehene plötzliche Situationen reagieren müssen, *kann* es stimmen. So auch hier.

Nur – der Besucher kennt es nicht anders. Es ist immer so. Er wird missmutig und manchmal misstrauisch.

„Vielleicht hat er heute mal verschlafen ..."; „Sicher wieder ein Endlos-Privat-Telefonat wie kürzlich mit der Autoversicherung ..."; „Wahrscheinlich macht er Kaffeepause ..."; „Wir sollen wohl alle sehen, wie viel er zu tun hat! Dabei müssen andere doch auch arbeiten ..."

In einer Ecke des Doktorkittels steckt wohl bei allen Göttern in Weiß das „Besondere", die Überlegenheit, die Unentbehrlichkeit und vielleicht auch ein Quäntchen „Ich helfe ja den Leuten – sie sind auf mich angewiesen."

Bei Behörden und Ämtern, die die Antragsteller hinhalten, explodiert man leichter, macht sich der Unmut eher Luft. Beim Arzt passiert das sehr selten. Man ist immer der Schwächere, weil man so was Kostbares erbittet: Heilung und Hilfe. Und da ist es im Moment egal, ob es die Kasse bezahlt oder der Privatpatient.

Die üblichen Ausreden: „Bahn verpasst – verschlafen – Stau" werden von dem geschulten Sprechstundenteam nicht benutzt. Sehr gern dagegen die „optische Ausrede".

Die meist freundlichen Damen rennen eilfertig herum, tragen Unterlagen in diverse Räume, holen andere da ab, telefonieren, suchen in Rollschränken nach Akten und zeigen dem wartenden Besucher, wie bemüht sie sind, alles rasch zu erledigen: „Wir sind ja wirklich dauernd nur auf Trab."

Wenn man dann noch die Telefonate hört „Nein, die nächsten drei Wochen ist alles dicht – nein, am 23. hat der Doktor den Termin mit dem Kongress in der Schweiz. Zwei Vorträge – ja... also frühestens Ende nächsten Monats hätte ich noch etwas ... leider!" Wer da nicht beeindruckt ist und ergeben wartet, dass dieser arbeitende Übermensch doch noch etwas Zeit für einen hat – ja, der hat eben keinerlei Verständnis.

Hier wird die umgekehrte Ausrede des Arztes: „Ich bin ja so groß und du so klein" wohlwollend praktiziert und allseits akzeptiert. Als ich mich einmal nach einer Stunde Illustriertenblättern im vollen Wartezimmer leise etwas missbilligend äußerte, flüsterte mir die junge Sprechstundenhilfe vergnügt zu: „Unser Doktor arbeitet am liebsten, wenn das Wartezimmer voller Leute ist. Da hat er die allerbeste Laune und den meisten Schwung." Und tatsächlich erschien der Erwartete jovial und ausgeruht in der Tür, sah mit einem Blick alle Stühle besetzt und winkte den nächsten Patienten lächelnd herein.

Ich weiß nicht, ob das eine Ausrede von der Sprechstundenhilfe war. *Wenn ja, war sie gut!* Dem froh gestimmten Medicus tritt man hoffnungsvoller entgegen als dem total Überlasteten. Es wäre eine Überlegung wert, ob man die Patienten eventuell positiv einstimmt. „Es hat zwar ein bisschen länger gedauert, aber heute haben Sie einen guten Tag erwischt! Der Doktor hat sicher Zeit für Sie! Gestern war eine solche Hektik, da kamen wir alle gar nicht zur Besinnung."

Oder:

„Der Doktor ist heute den ersten Tag wieder da. Letzte Woche hatte er einen großen Kongress in den USA, da hat er hochinteressante Vorträge gehört – lauter Kapazitäten! Er hat auch einen Vortrag gehalten, es ist toll, was man heute so alles erforscht!" Oder:

„Bei uns geht es jetzt wieder so richtig los. Ach, nach drei Wochen Urlaub will der Mensch auch wieder was arbeiten. Und der Doktor hat sich so gut erholt und ist voller Elan!"

Diese Varianten der Entschuldigung bei längerem Warten sind die bessere Ausrede als die unangenehme Wahrheit:

„Heute ist wieder der Teufel los, ein Patient nach dem anderen ... Wir kommen gar nicht mehr zur Besinnung, seit sieben Uhr früh! Wir wissen nicht, wo uns der Kopf steht!"

Und so eingestimmt, sollen wir dann den Krankheitsbefund, die Röntgenbilddiagnose – die Verschreibung der Schmerztabletten blindgläubig hinnehmen? Das *Warten* muss der Patient in Kauf nehmen – die kleine *positive Ausrede* wäre mal was anderes als die gewohnten Standardentschuldigungen.

5. Die Ausreden der Dienstleister

Das ist ein unerschöpfliches Endloskapitel der tollkühnsten Ausreden, um eigene Fehler zu verschleiern oder abzuwehren. Gelingt es, dieselben als kundenfreundliche Dienstleistungen zu offerieren, nähert man sich dem großen Schwindelvorbild Münchhausen. Der log so faszinierend das Blaue vom Himmel runter, dass den verblüfften Zuhörern im wahrsten Sinne des Wortes „die Spucke wegblieb". Auch der brave Soldat Schwejk ist ein pfiffiges Schwindelvorbild der kauziggerissenen Art.

Münchhausen protzt so gigantisch nach oben, dass ihm niemand das Wasser reichen kann.

Schwejk verdummt sich so dreist nach unten, dass ihm niemand etwas anhaben kann. Nach dem Motto: Gegen Dummheit kämpfen selbst Götter vergebens. Sie ist daher eine Waffe, die man pflegen sollte.

Alle Dienstleistungsberufe, die auf etwas spezialisiert sind, was wir nicht können, haben immer eine Ausrede parat, weil sie dauernd welche gebrauchen: die Klempner, Glaser, Maler, Installateure, Heizungsmechaniker, Elektriker, Reinigungsfirmen, Polstereien, Taxiunternehmen.

Auch hier gibt es natürlich die üblichen Standard-Floskeln:

Krankheit, Urlaub, der Kollege ist einfach weggeblieben, es ist so schwer, eine Fachkraft zu bekommen.

Bei Anfahrten sind die üblichen Verkehrsbehinderungen und Staus schuld, das ist nur alles wohl vertraut. Und natürlich die nie nachprüfbare Ausrede: „Bei dem Kunden vorher hat es so lange gedauert, weil sich herausstellte, dass ..." Es ist schon viel, wenn telefonisch angesagt wird, dass es „ein paar Minuten später werden kann". Erfolgt der Anruf gegen Mittag, heißt das, man kommt gar nicht mehr. Aber auch hier: Diese Handwerkerberufe sind unerlässlich! Wenn die Gasheizung im Keller nicht anspringt, der Geschirrspüler voller Schaum ist, das Telefon einfach nicht funktioniert, von der Wohnung oben tropft es, die Zimmerdecke ist nass, die Mieter sind nicht erreichbar – was soll man in all diesen Fällen tun? Nicht jeder ist erfahren und geschickt, was Reparaturen angeht.

Meist ist man also dankbar und verbeißt sich das Zähneknirschen, wenn endlich die erwartete Hilfe kommt.

Besonders unangenehm ist der Anruf bei Firmen, die Tag- und Nacht-Service anbieten. „Anruf rund um die Uhr – wir kommen sofort!" Um sieben Uhr früh sagt der Anrufbeantworter, dass man in dringenden Fällen die Handynummer wählen soll. Es ist immer dringend. Man wählt das Handy. Die Stimme sagt freundlich, dass man schnellstens zurückgerufen wird. Das sagt sie den ganzen Tag und belässt es dabei.

Wenn dann doch der sehnlich Erwartete mit Reparaturwagen und gewichtiger schwarzer Tasche erscheint, dann fehlen just die notwendigen Schrauben, oder eine Spezialklebefolie ist notwendig, weil das Ventil eine unübliche Marke hat. Das muss aber alles erst bestellt werden, und da die Firma ihren Sitz nicht vor Ort hat, könnte das eventuell ... Man hört gar nicht hin, schluckt die wütenden Worte runter, es interessiert nur eines: „Wann machen Sie das?"

Natürlich haben sich da auch überzeugende Ausreden eingenistet, die auch kundenfreundliche Beratung genannt werden.

„Also ehrlich – eigentlich lohnt sich die Reparatur des Rollladens nicht. Der ist ja völlig veraltet und verrostet. Da haben Sie in Kürze wieder Ärger. Wir haben sehr gute Erfahrungen mit dem Elektro-XX Rollladen, den können wir Ihnen auch sehr günstig anbieten, denn die Nachfrage ist sehr groß!" Oder:

„Das gibt es doch nicht! Was hat denn der Vorgänger da eingebaut? Die Steckdose hier ist ja gar nicht statthaft! Da können Sie von Glück sagen, dass noch nichts passiert ist! So was! Und die Rückwand des Kühlschranks ist ja total überwärmt! So etwas ist doch heute streng verboten!"

Nach einer Weile sind Sie ganz kleinlaut und verängstigt. Wenn da wirklich was passiert ... zahlt keine Versicherung! Der Mann muss es doch wissen, der ist ja Fachmann!

Ob das so ganz stimmt ...?

Aber die Umpolung eines Defekts, den man nicht reparieren kann oder will, und auf einen Neuerwerb hinzusteuern, ist natürlich schon die Ausrede mit einem Clou obenauf!

Sie funktioniert sehr oft und sehr gut!

Hier kann man nicht mit Worten streiten, sich mit gescheiten oder verblüffenden Redewendungen aus der Affäre ziehen. Wir haben ja keine Eigenschuld, kein persönliches Versagen zu vertuschen – wir stehen dem Verschleiß von Objekten gegenüber, von denen wir meist nichts verstehen! Ob Installateur, Glaser oder Heizungsfachmann – sie bringen ihr Angebot überzeugend vor.

Der Reparaturpreis reicht fast an die Neuanschaffung heran!

„Und dann haben Sie doch wieder für lange Zeit Ruhe! Und Garantie. Das Modell haben wir vorrätig, das kann morgen gemacht werden, und bei Ersatzteilen ... Sie wissen ja, die Lieferzeiten heutzutage ..."

Wer all diese Argumente geschickt vorbringt, überzeugt letztendlich den Kunden. Der leise nagende Zweifel kommt nicht zu Wort: Der Apparat war doch noch ganz gut ... und gar nicht so alt ...

Der Nachkomme des Lügenbarons Münchhausen hat sich der Zeit angepasst. Er setzt sich nicht auf die Kanonenkugel, um im feindlichen Lager den Gegner zu überrumpeln. Nein! Er erklärt das Vorhandene für Pfusch oder Verschleiß von vorgestern und überrumpelt dessen Besitzer mit dem Kaufvertrag einer Neubestellung.

Das neue Material, die neue Automatik, die neue Konstruktion sind natürlich weitaus besser – die veralteten Modelle lohnen sich nicht mehr.

Diese wunderbare und geflügelte Ausrede hören wir jeden Tag.

Und wir sind allzu leicht geneigt, sie zu glauben. Sie rechtfertigt unsere sinnvollen und sinnlosen Käufe.

Dies ist, wie gesagt, die Meister-Ausrede mit Clou.

Die Ausreden des braven Schwejk sind nicht so aktiv und nicht so überredend und überzeugend.

Die Schwejk-Variante geht eher in die Richtung: „Ich bin ja so klein und schwach, vielleicht auch zu dumm, und eigentlich zu bedauern." – Allerdings nicht materiell. Nein, die Zeiten des darbenden Klempners oder Parkettlegers sind vorbei. Bei dem hübschen Einfamilienhaus mit Garten und zwei Autos klingt das auch wenig überzeugend.

Nein, man ist ein armer Hund! Man kriegt keinen Gesellen oder Lehrling, die wollen ja nicht arbeiten, und bei einem möglichen Partner muss man so viel hinblättern, da bleibt gar nichts mehr, obwohl man von früh bis spät schuftet. Aber das will ja heute keiner mehr, ach wo, holen sich lieber ihre Arbeitslosenunterstützung und machen sich schöne Tage auf Mallorca. Ist ja so viel Geld wie der Arbeitslohn! Das ist ja die Ungerechtigkeit! Man schmeißt den Faulenzern das Geld noch nach! Und was die alles an Sozialhilfe kriegen.

Und das Thema nimmt kein Ende, weil man sich so aufregen kann über die schreienden Missstände.

Oft trifft man dabei auf sympathisierende Kunden. Das schafft eine Vertrauensbasis von „Der ist doch eigentlich ein ganz netter Mensch, und gar nicht dumm!" Mit dieser rechtschaffen plumpen Anbiederung meint man die Spitze des Ärgers und der Vorwürfe beim Kunden abzufangen, was auch oft gelingt. Eigentlich ist man ja nur der Dumme, der sich abrackert noch und noch ... und wofür? Man muss froh sein, dass der überhaupt noch kommt und nicht den Laden dicht macht.

Diese Manie des kreuzfleißigen Schwejk wird vornehmlich von Älteren praktiziert. Die Jüngeren sind eher schnell, clever, kühl und denken dabei an den neuen Sportflitzer, den sie sich kaufen wollen. Oder an die nächste Party.

6. Die Ausreden in Autowerkstätten

Eine weitere Dienstleistungsgruppe sind die Autowerkstätten. Hier liegen die Schwerpunkte der Ausreden etwas anders.

Meist hat der Wagenbesitzer *seine* Autowerkstatt bei der Firma, wo er sein Auto gekauft hat.

Die Ausreden bei den Lieferterminen sind wohl bekannt und vertraut: Es hat sich alles aus nicht nachprüfbaren Gründen verzögert. Aber nun hat man das Auto, hat die Inspektions- und Wartungstermine. Natürlich hat man auch meist *seinen* Meister, Werkstattleiter oder Mechaniker, der die Zeiten ein bisschen schieben kann – jedenfalls günstiger als die hübsche Dame am Computer, die niemanden kennt und die Reparaturtermine der Reihe nach vergibt.

Nun ist aber der Wagen zum vereinbarten Termin nicht fertig. Der Kunde ist wütend. Er hat sich darauf verlassen, hat am nächsten Tag eine längere Fahrt vor. (Nicht alle Firmen stellen in solchen Fällen gleich einen hauseigenen Wagen zur Verfügung.)

Der Kundendienstleiter naht gewichtigen Schrittes.

„Ja – also wir hatten alles soweit geprüft und gemacht, was Sie beanstandet haben und was nötig war. Wir kennen ja Ihren Wagen, Herr Müller. Aber bei der Probefahrt hat der Meister gemerkt, dass etwas mit der Kupplung nicht in Ordnung war. Wir haben noch eine zweite Probefahrt gemacht – wieder dasselbe. Tja – da haben wir lieber alle möglichen Fehlerquellen noch mal genau unter die Lupe genommen – das hat natürlich etwas länger gedauert. Man sollte Sie anrufen, hat Sie wohl aber nicht erreicht ..." Was soll der Autohalter sagen? Sicherheit geht vor. Und woher soll er das mit der Kupplung wissen? Der erfolgreiche Unternehmer fährt zwar hervorragend Auto – aber mit der Technik ist er nicht so vertraut.

Auch da gibt es etliche Ausreden-Varianten.

„Beim Test hakten die Bremsen – die Spur war nicht in Ordnung. Sie haben offenbar Bremsflüssigkeit verloren – wir mussten von unserer Hauptstelle ein

Ersatzteil anfordern ... Sicherheitshalber haben wir einen Vollcheck gemacht, und damit sind wir gestern nicht fertig geworden ... Durch die Zusatzarbeit wurde die Reparatur etwas teurer." Meist fügt sich der Kunde in das Unvermeidliche. Das unheimliche und undurchschaubare Objekt Auto ist offenbar unentbehrlich. Und eine gute Portion Menschenkenntnis dosiert die Ausreden – bei Taxifahrern etwa geht man vorsichtiger mit ihnen um.

Sonderbarerweise richten sich Wutausbrüche und Anschuldigungen der Kunden häufig gegen die Firma des Modells:

„Nie wieder ein XXX." „Also vom YYY hab ich jetzt die Nase voll ..." „Der ZZZ ist eine Fehlkonstruktion, ganz eindeutig!" Aber das ist den großen Herstellerfirmen gleichgültig. Meist erreichen sie die Vorwürfe nicht.

Bei gravierenden, lebensbedrohenden Konstruktionsfehlern reagieren die Konzerne allerdings prompt und geben die Mängel öffentlich und eigenschuldig bekannt. Der verblüffte Fahrer merkt oft erst jetzt, dass er ahnungslos zwar keinen „Ritt", aber eine „Fahrt über den Bodensee" gemacht hat.

7. Die Ausreden in Hotels und Feriendomizilen

Unmut und Ärger direkt und auf der Stelle ergibt sich bei der Ankunft in einem Hotel oder einem Feriendomizil. Was der Prospekt verspricht, was die Inserate verheißen, entpuppt sich vor Ort als alles andere als einladend.

Außer bei Messen und in der Hauptreisezeit, bei den jährlichen Festen mit ein paar freien Tagen (Weihnachten, Ostern) kann man meistens das Hotel wechseln, wenn Baulärm, Straßenarbeiten oder unzureichende Ausstattung dem Angebot nicht entsprechen. Nur reisen die meisten Leute in den begehrten Stoßzeiten, da ist es dann schon schwieriger, denn alles ist besetzt, und die Preise sind „saisonbedingt" kräftig angestiegen.

Sehr viel mehr Ausreden und Ausflüchten ist man ausgesetzt, wenn man das so angepriesene Feriendomizil – vielleicht sogar im Ausland – erreicht hat. Das Auto ist voll mit drei Kindern und doppelt so vielen Koffern für den Badeurlaub, aber es ist etliches anders als versprochen, beschrieben und von uns erwartet.

Zum Beispiel:

„Der eigene Seestrand" wird gerade unterminiert, Rohr- oder Abwasserleitungen werden „seit kurzem ganz überraschend" gelegt. Oder: Ein Bagger ist direkt neben oder am Haus in Betrieb, denn eine Dependance direkt neben dem idyllischen „Haus Waldesruh" befindet sich im Bau. Die Zimmer wurden renoviert, der Preis dadurch erhöht, – aber das war nach Drucklegung des Prospekts. Oder: Das Personal hat gewechselt oder streikt. Ein neuer Koch hat eine differenziertere Speisekarte mit Rücksicht auf kalorienbewusste Gäste entwickelt. Der Kinderspielplatz ist auf Bitten der Gäste nur von neun bis zwölf Uhr und 15 bis 18 Uhr benutzbar. Stammgäste sind wegen Erkrankung länger geblieben. Die Sauna wurde nicht fertig – leider. Ausfälle durch Grippewelle ... man könnte einen Katalog mit Ausreden füllen.

Denn das meiste sind Ausreden!

Man hätte vorher – und wenn, kurzfristig – informieren können.

Intern und hinter vorgehaltener Hand raunen die Urlaubsanbieter: „Die Saison dauert gerade mal zehn Wochen! Das muss für ein Jahr reichen! Wir können in der Zeit keine Abstriche machen!"

Was also gibt es für Ausreden, die den Urlauber – vielleicht! – beruhigen?

Das Beste ist immer, die Spitze des aufbrausenden Zorns abzubiegen, indem man einen positiven Gegenvorschlag macht. Man hat sich doch schon sooo den Kopf zerbrochen!

„Wir bieten Ihnen als kleine Entschädigung einen Preisnachlass an – X Prozent, wären Sie damit einverstanden?" Oder:

„Wir haben vorsorglich für Sie im Haus Anna nachgefragt, das wäre 150 Meter weiter, ganz ohne Lärm und sogar etwas preisgünstiger ..." Oder:

„Wir sind über die Bauverzögerung untröstlich – wenn Sie das zwei Tage in Kauf nehmen würden ...? Man hat uns versichert, nur zwei Tage ..." Leider vergisst man, hinzuzufügen: zwei Tage – wenn es nicht regnet, keiner krank wird – der Zement trocken ist – die Gerüste abtransportiert werden.

Die patzigen Ausreden: „Ja, das ist höhere Gewalt ..."; „Das ist nicht unsere Schuld ..."; „Es ist eben Hauptsaison – wir sind sowieso voll, also wenn Sie sich lieber etwas anderes suchen wollen" – sind eigentlich passé. Es gibt überreichlich Angebote. Im deutschsprachigen Raum ist das auch alles leichter. Man kann sich verständigen, reden, argumentieren, beschweren.

Wenn man die Sprache des Gastlandes beherrscht, ist das bei Auseinandersetzungen von großem Vorteil. Natürlich ist man gelegentlich verblüfft über die Textausdeutung von Prospekten, weil man die Gepflogenheiten des Landes nicht kennt.

Im Mai war ich in zwei verschiedenen Hotels in Umbrien und der Toscana. Beide hatten vier Sterne. Es gab eine detaillierte Beschreibung aller Vorzüge. Mich lockte besonders der „große beheizte Swimmingpool". In dem angepriesenen tatsächlich wunderschönen Garten sah ich schon von weitem den allerdings etwas vereinsamt wirkenden Swimmingpool. Nichts. Kein Wasser, keine Liege, alles noch winterlich und ungeputzt. Lebhaft und höchst energisch verwies ich auf „beheizter Swimmingpool". Beide Male stieß ich auf gelindes Erstaunen ohne schlechtes Gewissen: Ab Ende Juni etwa werde Wasser eingelassen, dann erst habe die Sonne die nötige Kraft, den Pool zu erwärmen. Ja, „beheizt" hieß hier also, „wenn die Sonne das Wasser erwärmt". Da dies bei zwei Hotels dieser Kategorie so praktiziert wurde, nahm ich mir vor, in südlichen Ländern diese Version einzukalkulieren. Die Beschreibung der Reiseprospekte ließ dies vermissen.

Inzwischen gibt es zahlreiche Broschüren und Informationen über die reale Interpretation von Offerten. Liegt das Hotel in „einer lebhaften Straße im Zentrum", dann weiß der Gewitzte: Lärm, laut, Autos, Busse und Bahnen.

Liegt das Hotel nur „zehn Minuten von dem pulsierenden kleinen Touristentreffpunkt entfernt", dann muss man von der äußeren Grenze dieses Zentrums ausgehen. Außerdem ist nicht festgelegt, ob dies Geh- oder Fahr-Minuten sind.

Diese schriftlichen Formulierungen – juristisch abgesichert – können mehrdeutig sein. Da empfiehlt es sich, vor Ort die Streitaxt nicht zu benutzen und sich lieber hinterher beim Veranstalter zu beschweren. Clevere und Rechtskundige konnten hier schon Erfolge verzeichnen, haben alle Ausreden abgeschmettert und sogar ein Geschäft dabei gemacht.

Sie haben es schon gemerkt: Wenn man etwas genauer hinsieht, hat jede Berufsgruppe, jede Generation, jede Zeit ihre eigenen Ausreden.

Zwei Spezies, die vielleicht nur den Insidern bekannt sind, möchte ich Ihnen nicht vorenthalten.

8. Die Ausreden der Schauspieler

Schauspieler leben vom Text, und ihre Arbeit besteht zum Großteil darin, diesen – gut gelernt – parat zu haben. Es gibt welche, die leicht lernen, andere tun sich schwerer. Das kriegt man als Kollege bei den Proben schnell mit. Manche Schauspieler allerdings sind nur faul und denken sich: „Ich lerne auch auf Proben, wenn wir nur oft genug wiederholen." Aber irgendwann sollte doch jeder seine Rolle können!

Äußerst beliebt – aber bereits wohl bekannt – ist dann als Ausrede folgende Masche:

A: (tritt auf, spricht seinen Text) Mein Herr, wie gut, dass ich Sie treffe ... (Pause. Eigentlich geht der Text weiter: Was unser gemeinsames geschäftliches Anliegen betrifft, würde ich nach reiflicher Überlegung usw., noch drei bis vier Sätze)

A: (tritt also auf) Mein Herr, wie gut, dass ich Sie treffe ... (Er stockt, schüttelt lebhaft den Kopf, sieht nach vorn, sieht zurück, zieht die Stirn kraus und sagt zu dem Regisseur) Du, Ernst, pass mal auf ... Ich habe mir überlegt – soll ich bei dem Satz wirklich schon mit Schwung reinkommen, – oder lieber an der Tür zögern, dann den nächsten Satz beginnen – was meinst du?

Regisseur (mit sanfter Stimme): Nein, mit Schwung ist es besser! Du gehst gleich weiter im Text, ganz fließend sagst du: Was unser gemeinsames geschäftliches Anliegen betrifft, würde ich nach reiflicher Überlegung ... und so weiter.

A: Ahh, gut! Werde ich probieren. (Gott sei dank, er weiß weiter im Text.) Mein Herr, was unser gemeinsames geschäftliches Anliegen betrifft, würde ich nach reiflicher Überlegung ... (Text ist schon wieder weg, die Seiten hat er noch nicht gelernt.)

A: (unterbricht sich, und sagt kopfschüttelnd) Du, Ernst, irgendwie schmeckt mir das nicht, das geht mir gegen den Strich ...

Und so geht es weiter.

Die Kollegen kennen das. Sie feixen oder ärgern sich. Das sind die beliebten Ausreden der Schauspieler, wenn sie keinen Text gelernt haben. Sie möchten „kreativ" etwas zu der Rolle bemerken und haben einen „spontanen Einfall".

Natürlich gibt es bei den Proben eine Souffleuse. Aber just diese Szene sollte nach zwei Wochen Arbeit heute möglichst textsicher probiert werden. Pech für Kollegen A!

Wenn er klug ist, fängt er an zu lachen oder schneidet eine reuige Grimasse. „Ihr habt mich erwischt! Ich kann die Szene noch nicht."

Mir ist in sehr erheiternder Erinnerung die Probe mit einem nicht mehr sehr jungen, aber sehr bekannten Kollegen in einem Kriminalstück, in dem er die Hauptrolle des Kriminalkommissars spielte. Besagter Kollege, der sich – bei Interviews nach seinen Hobbys befragt – als „praktizierender Erotiker und Kybernetiker" ausgab, befand sich in seinem dritten Liebesfrühling und hatte offenbar wenig Zeit zum Textlernen.

Als er bei einer Probe seinen Auftritt hatte, erschien er heiter lächelnd in der Kulissentür: „Also – ich trete auf – wahrscheinlich war ich gerade pinkeln und bin erleichtert und wohlgemut. Was geschieht jetzt?"

Der Regisseur (leise, mit zusammengebissenen Zähnen, denn wir probierten bereits die dritte Woche): „Du warst nicht pinkeln und bist nicht erleichtert und wohlgemut – sondern du hast gerade draußen im Flur die zweite Leiche entdeckt!"

Der Kollege schlägt sich dramatisch an die Stirn. „Ja natürlich! Und ich dachte, das käme viel später! Eine völlig veränderte Situation! Ich trete also geschockt auf ..." (das machte er auch geschwind und spielte Erschütterung im Gesicht) „... also total geschockt ... und? Und?? Mir fehlen die Worte ... ja?"

Die fehlten ihm tatsächlich. Aber mit der immer wieder erfolgreich angewandten und perfekt gespielten Schauspieler-Ausrede hatte er mal wieder die Klippe umschifft: Ich weiß nicht weiter – ich habe meinen Text nicht gelernt.

Es gibt noch eine Kette von Schauspieler-Ausreden. Aber die wird von allen mit anerkennenden oder bedauernden oder zustimmenden Reaktionen zur Kenntnis genommen. *Und nie in Frage gestellt* – höchstens irgendwann später zu jemand anderem hinter vorgehaltener Hand.

„Ja, weißt du, letztlich hatte ich in drei Fernsehfolgen zu tun. Und das wäre ja noch weiter gelaufen, aber es kam ein neuer Regisseur und – du kennst das ja – der bringt seine Lieblinge mit. Aber ich habe demnächst eine sehr schöne Sache in Aussicht, das wäre auch äußerst lukrativ für mich – aber pst! man redet erst, wenn alles perfekt und unterschrieben ist ..."

Kein Kollege fragt da nach. Keiner prüft, ob es stimmt. Es ist oft die gnädige Ausrede für zerschlagene Hoffnungen und vergebliche Bewerbung.

Nicht jeder ist ein Manfred Krug, nicht jede eine Hannelore Elsner.

9. Die Ausreden der Esoteriker

Eine relativ kleine Gruppe von Menschen hat eine Fülle von Ausreden parat, die nur Gleichgesinnte verstehen und auch widerspruchslos akzeptieren. Außenstehende bezeichnen diese Leute oft als Spinner. Aber keiner der besagten Gruppe würde seine Worte als „Ausreden" bezeichnen! Im Gegensatz zu vielen Menschen, die sehr genau wissen, dass sie mit ihren Behauptungen etwas vertuschen, dass sie schwindeln oder sogar lügen, ist es bei diesen Leuten Überzeugung, Lebensauffassung und bei einigen sogar Erfahrung.

Esoteriker leben eine kosmische Zusammengehörigkeit aller Dinge, aller mit dem Verstand nicht zu erklärenden Veränderungen und Ereignisse. Und sie sagen: „Mein Merkur ist seit zwei Wochen rückläufig – und das spüre ich! Die Verhandlung mit der Hausverwaltung war ohne Ergebnis. Und in der Firma geht es gar nicht gut, lauter Verzögerungen bei meiner Bewerbung, und lauter Streitereien! Und dann noch der Mars in Widder im Transit ... nur Krach daheim mit den Eltern! Und da war ich gestern so geladen – ich bin bei den Stufen gestolpert und hab mir den Ellenbogen so aufgeschlagen, dass ich zum Arzt musste! Bei mir kommt ja noch der Pluto im Quadrat dazu ..."

Und so weiter. Alles hat eine Ursache und eine Erklärung. Aber genauso froh erzählt man von dem Jupiter, haargenau über die Sonne gehend – den Elan, den man da hatte! Wie man sich durchsetzen konnte, und wie gut man mit der neuen Chefin auskommt!

Noch einmal: Für Außenstehende ist der „rückläufige Merkur" und der „Mars im Transit im Widder" eine fadenscheinige Ausrede.

Für die Esoteriker ist das die unumstößliche Erklärung für Misserfolg oder falsches Verhalten, für gutes Gelingen oder überraschende Chancen.

Aber man trägt Rückschläge etwas leichter und hat eine eigene innere Erklärung für vergebliche Anstrengungen. Und da auch die schlechte Konstellation vorbeigeht, hat man die Aussicht auf Hoffnung parat. „So ab dem 14. nächsten Monat tritt dann der Mars aus dem Quadrat heraus, es kommen Hilfen von Venus und Uranus ..." Unkundige sagen: „Alles Ausreden! Mal geht es im Leben eben besser, oder die anderen haben Schuld – in dem Fall die Konstellationen."

Bei den Rechtfertigungen oder Erklärungen der Esoteriker, also diesen so genannten „Ausreden", wird immer nur *die eigene Person mit den kosmischen Einflüssen konfrontiert.* Auf andere Personen wird die „Schuld" sehr viel seltener abgewälzt. Und das ist doch recht unüblich und ungewöhnlich.

Mögen dies Materialisten auch als ideologische Hirngespinste belächeln. *Der Esoteriker ist viel mehr bereit, die Ursachen für sein Schicksal in sich und bei sich zu suchen.*

Die Übertreiber, die für ein Zuspätkommen, eine zerschlagene Fensterscheibe oder eine verlorene Geldbörse sofort einen schlechten Merkur oder einen Jupiter in Opposition anführen, kann man allerdings nicht ernst nehmen.

All das gilt für alle Arten der Schicksalsbefragung: für Biorhythmus, Kartenlegen, Orakeln und Pendeln, Handdeutung und magische Steine.

Wenn wir uns aus diesen unangreifbaren Ausreden-Sphären wieder in unsere direkten persönlichen Zwiegespräche begeben, ist eine spezielle „zwischenmenschliche Brücke" recht bemerkenswert.

Kapitel 5

Die Ausreden, die wir gar nicht merken

1. Die „Von-Herz-zu-Herz"-Ausreden

Vorhin erwähnte ich die Verhaltensweisen der Mitarbeiter in Behörden. Auf der Gegenseite der Bittsteller verfallen etliche auf die Masche der „Mitleidstour" – eine unbewusste Taktik, um damit das Interesse oder die Teilnahme eines Mannes hinter dem Schreibtisch zu wecken.

„Wissen Sie, als ich vor drei Jahren die erste OP hatte – bei Doktor X, da war das ganz schlecht und musste voriges Jahr noch mal gemacht werden. Ich war dann bei Doktor Y, und das hat vier Monate gedauert, ehe ich wieder arbeitsfähig war, und diese Schmerzen ... Und dann war mein Mann so krank ... also ich hab gar nicht daran gedacht, dass da noch diese Summe zu begleichen war. Und jetzt soll ich Strafe zahlen, ... könnte man da vielleicht ..." Damit will man ein Zahlungsversäumnis entschuldigen, eine dringliche Mahnung erklären ... es ist eine so genannte Notausrede. Leider ist sie meistens vergeblich. Der Mann am Schalter hört sie zu oft. Sie interessiert ihn auch nicht und er hat seine Vorschriften.

Gelegentlich – aber nur selten – hilft die „Feinde-ans-Herz-drücken"-Methode als Ausrede. „Also Sie sind meine letzte Hoffnung! Wenn Sie mir nicht helfen, ich weiß nicht, was ich dann tun soll! Ich bin ja so hilflos in dieser Angelegenheit! Aber Sie haben doch so viel Einfluss und ein Wort von Ihnen ..."

Bitte nur äußerst selten anwenden!
Und nur allein in einem Raum ohne Zeugen!
Bestechungsversuche sollten Sie am besten ganz aus Ihrem Repertoire streichen – das geht bei uns Durchschnittsbürgern beinahe immer schief!

Sie sollten dafür einen ganz guten Instinkt haben und eine verlässliche Menschenkenntnis! Denn das Prinzip „Du bist ja so groß und ich bin so klein" ist hier ein Ausreden-Trick, um eigene Versäumnisse wieder glatt zu bügeln.

Vielleicht schlägt bei Ihnen jetzt eine kleine Glocke an?
Es ist das Tom-und-Jerry-Muster, welches im Privatbereich häufig äußerst erfolgreich angewendet wird. Und schon der kleine Alex sagt treuherzig und bittend: „Ach, Mami, ich hab das doch nicht gewollt, ich hab das nicht so gemeint, ich hab dich doch sooo lieb!"

Natürlich hat er das *so* gemeint und nicht anders – damals! Und er wollte die Mami quälen und ärgern – damals! Und damals hatte er die Mami auch gar nicht lieb, weil sie ihm zur Strafe das Handy weggesperrt hat. Aber jetzt hat er sie sooo lieb, damit er das Handy wieder bekommt. Flugs hat er die Zeitspanne, in der er „diese miese Mutti" ... so zum Kotzen fand, überbrückt, verdeckt und vergessen.

Und holt als letzte und sicherste Entschuldigung die „Von-Herz-zu-Herz"-Ausrede hervor.

Was der kleine Alex schon sehr früh erkannt und gelernt hat – machen wir das nicht laufend im engsten Familien- und Freundeskreis?

„Ich hab dich doch so lieb",

„Ich schätze Sie ja so sehr",

„Du hast ja Recht gehabt, wie immer! Warum war ich nur so hässlich zu dir!",

„Ich verstehe gar nicht, wie ich das von Ihnen glauben konnte!"

Diese Beteuerungen sind bei vertrauten Menschen die besten Ausreden, um Fehler auszubügeln und Vergehen gutzumachen. Und oft die letzte Hilfe in einer verfahrenen Situation.

Bitte beachten Sie: Jetzt meinen die Betreffenden das auch ganz ehrlich und überzeugt! Jedenfalls meistens. Es sind die Entschuldigungen für Augenblicke der Wut und Enttäuschung, in denen man mit Worten und Taten über das Ziel hinausgeschossen hat.

Wie findet man wieder den Weg zurück? Die tieftraurige Mutter, die verletzte Ehefrau, die vernachlässigten Eltern, die verleumdeten Freunde – was hat man da aufs Spiel gesetzt! Wie gewinnt man all die Gefühle wieder? Aber denken Sie an Tom und Jerry, gehen Sie zurück bis David und Goliath. Auch wenn es einem noch nicht so ganz danach zu Mute ist: Die Mund-zu-Mund-Beatmung kann Leben retten – die Einstellung: „Ich bin so klein und so bös und du so groß und so gut" ist ein Appell an den anderen – auch wenn es zuerst noch eine angstvolle oder berechnende Floskel ist.

Der „Von-Herz-zu-Herz"-Appell sollte in dem großen Vorrat Ihrer Ausreden unbedingt als eiserne Reserve vorhanden sein! Allerdings ist es notwendig, diese Reserve zu pflegen und sie, wenn nötig, zu ergänzen.

2. Die Kehrseite der „Von-Herz-zu-Herz"-Ausreden

Unbeachtet und meist unbewusst hat sich in unserem Familienleben und in unserem Freundeskreis die Umkehrung der „Von-Herz-zuHerz"-Ausreden eingeschlichen und es sich gemütlich gemacht.

Psychotherapeuten nennen dies im weitesten Sinn Projektionen, aber in diese diffizilen Bereiche wollen wir gar nicht vordringen. Wir bleiben bei den Realitäten des Alltags.

Frau X kocht sehr gut und sehr gern. Sie macht alles per Hand: Sie rollt den Nudelteig, rührt die Puddinge, putzt das Gemüse. „Ach, das schmeckt doch ganz anders!" Sie macht dies schon immer, auch heute noch. Sie ist aber nicht jünger geworden. Gelegentlich und immer öfter stöhnt sie über die Arbeit, die Rückenschmerzen und den Zeitaufwand. Aber: „Mein Mann will das doch so, nein, was anderes schmeckt ihm eben nicht." Und auch die Kinder und Bekannten sagen seit Jahren: „Also bei dir merkt man eben, wie liebevoll das alles zubereitet wurde! Aber du Arme! Diese Arbeit! Du bist ja ein Sklave der Küche!" Und immer das achselzuckend milde Lächeln als Antwort: „Was soll ich denn machen! Albert will es doch so! Und wenn ich sage: Wir könnten doch mal fertige Sachen ... dann sagt er: So gut wie du können sie das sowieso nicht ..." Er weiß, dass sie das *hören* will – ob er das wirklich *meint* ...?

Das können Sie auf alles Mögliche übertragen, was so in der Familie anfällt: Der Umzug mit Bekannten und die Schlepperei der Möbel, das Packen der Kisten. „Ach, die Umzugsleute gehen doch mit dem guten Geschirr nicht so sorgsam um!" Die Wohnung wird selbst tapeziert, und die Elektroanlage vom lieben Neffen installiert. Man wäscht schonender „per Hand", und niemand bügelt die Hemdkragen so gut wie man selbst.

Bitte beachten Sie:

Junge Leute haben oft finanzielle Schwierigkeiten und machen all diese Dinge mit ihren Freunden und großem Spaß.

Die meine ich nicht.

Es geht um die allmählich, aber stetig sich manifestierenden Ausreden, dass „man" doch alles selbst machen muss, weil der Partner es so will, die Kinder darauf bestehen. Und weil es doch niemand so gut und so richtig macht wie man selbst! Natürlich meint man, dabei auch zu sparen – meist ein Trugschluss, denn der Kraftverschleiß zerrt an den Nerven. Es gibt Reibereien, Unfrieden und Ärger.

Aber – ist nicht oft die Zuweisung „Mein Mann will es so ... den Kindern ist es viel lieber ..." ein Schutzmäntelchen, eine uneingestandene eigene Ausrede, dass man ebenso gern als diejenige betrachtet wird, die all die Mühen auf sich nimmt, weil man aus Liebe nicht „Nein" sagen kann? Ist man nicht auch unbewusst getragen von dem Gefühl: „Ich muss es doch machen ... Wer soll es denn sonst tun ..." Und die meisten ahnen nicht, dass im Untergrund der Wunsch lauert: „Ich *will* es so! Alle sollen sehen, dass *ich* für sie da bin!" Es wird zum Lebenselixier, den anderen dadurch die eigene Unentbehrlichkeit immer wieder ins Gedächtnis zu rufen.

Nein, diese „Von-Herz-zu-Herz"-Ausrede vor sich selbst wird den wenigsten bewusst – sie bringen eben all diese Opfer aus Liebe. Und meistens sogar sehr gerne! Das gelegentliche Klagen ist eben ein Ritual, um auch immer wieder das dankbare Echo zu empfangen ...

Vielleicht ertappen Sie sich selbst dabei, dass Sie den endlosen Opferteppich Ihrer Mühen und Zuwendungen vor Mann und Kindern ausbreiten, die das wieder mal gar nicht würdigen und rücksichtslos darauf rumtrampeln. Dann denken Sie vielleicht daran: „Sollte das meine Ausrede sein, ausgenützt zu werden und damit allen meine Uneigennützigkeit zu zeigen? Und weil ich so unentbehrlich bin, habe ich doch Anspruch auf Zuneigung?"

Es ist eine sehr poröse und schwankende Brücke, über die man mit diesen „Von-Herz-zu-Herz"-Ausreden geht. Und meistens weiß man nicht, dass es Ausreden sind.

In der FAZ las ich vor einiger Zeit, dass Umberto Eco bei einem Empfang im Herbst 2000 in Mailand der englischen Königin vorgestellt wurde. Diese fragte ihn zerstreut: „Ah, Sie sind ein Schriftsteller?" Worauf der Autor schlagfertig erwiderte: „Irgendjemand muss das ja machen!" Er hatte diese glaubhafte „Ausrede" parat – ohne die Königin zu blamieren, die offenbar von seinem Welterfolg „Der Name der Rose" im Trubel der Regierungsgeschäfte noch nichts gehört hatte.

3. Die „Ich-kann-ihr/ihm-doch-die-Freude-nicht-verderben"-Ausreden

Es gibt für uns alle Situationen im Leben, in denen wir einfach Ausreden gebrauchen müssen, die man sogar als Lügen bezeichnen könnte. Aber da sie eigentlich immer dann benutzt werden, um Menschen in unserer Umgebung nicht zu verletzen oder zu kränken, muss man diese Ausreden sogar begrüßen und unterstützen.

Im Gegensatz zu der barmherzigen Ausrede, zur barmherzigen Lüge ist der Anlass diesmal ein freudi-

3. Die „Ich-kann-ihr/ihm-die-Freude-nicht-verderben"...

ger, ja ein festlicher! Heranwachsende sollte man also in dieser heiklen Kunst schulen. Es sind die fatalen Situationen, in denen wir Freude und Dankbarkeit zeigen müssen, obwohl uns eigentlich genau nach dem Gegenteil zu Mute ist: Das Empfangen von Geschenken, die uns fast immer liebevoll und erwartungsfroh überreicht werden.

Erinnern Sie sich bitte: Ohne nachzudenken oder es uns vorzunehmen, reagieren wir *alle* richtig: wenn ein Kind – ob ein eigenes oder das von Bekannten – uns etwas schenkt. Der kleine Fritz hat schon vor 100 Jahren dem Opa oder der Patentante einen zerknautschten Zettel mit bunten Krakeleien drauf in die Hand gedrückt, zu Weihnachten, zum Geburtstag oder einfach so. Und Opa und Patentante und alle Leute drumherum staunten: „Oh, ist das aber schön! Das hast du für mich gemalt?" – „Ja", sagte der kleine Fritz schon vor 100 Jahren, „das ist unser Haus." – „Nein, so was! Und so viele Farben! Zeig mir doch mal, wo dein Zimmer ist." Und wenn der kleine Fritz nur stumm und ein bisschen verlegen seinen Zettel übergab, fragten Opa oder Patentante behutsam: „Das musst du mir aber genau erklären, das schöne Bild! Ich seh doch nicht mehr so gut!"

„Das ist doch der Elefant!" meinte der kleine Fritz. Und die so Beschenkten: „Oh ja, natürlich! Jetzt erkenne ich es ganz genau! Der Elefant mit dem Rüssel!"

Und wie der kleine Fritz vor 100 Jahren zeigt auch heute noch der kleine Alex sein Blatt mit bunten Schnörkeln und Kreisen, und Opa und Patentante staunen genauso und bewundern das Geschenk. Kein Erwachsener käme auf die Antwort: „Was soll denn das Gekritzel! Das ist doch Mumpitz und kein Bild!" So etwas sagt höchstens der patzige ältere Bruder und dem glaubt man sowieso nicht, denn der ist immer so blöd.

Wir freuen uns also alle über eine Gabe, weil sie uns vertrauensvoll als Geschenk entgegengebracht wird. Und das zerknautschte Papier mit den bunten Kritzeln wird aufbewahrt und noch viele Jahre später lächelnd und gerührt herumgereicht: „Von Fritz, drei Jahre alt" oder heute: „Von Alex, drei Jahre alt."

Ob uns also der kleine Alex zwei zerquetschte Mandarinen oder die kleine Nicole ein halb verwelktes Gänseblümchensträußchen überreichen, wir zeigen Freude, und fast immer empfinden wir sie auch – vermischt mit ein bisschen Rührung.

Was geschieht da mit uns?
Unser Herz wurde berührt.

Der Brauch des Schenkens ist geblieben. Er begleitet uns das ganze Leben. Zahlreiche Feste sind der Anlass: Geburts- und Namenstage, Kommunion und Konfirmation, Hochzeit, Abitur, Studienabschluss. Und dazwischen Weihnachten, Ostern, Muttertag und Familiengedenktage. Je größer die Familie, je vertrauter der Freundeskreis, umso öfter erhält man Geschenke.

Nur – Hand aufs Herz: Manchmal ist man entsetzt. Diese altmodische Kristallvase passt doch gar nicht zu unserer Einrichtung! Jetzt kriege ich schon zum vierten Mal Beethovens Neunte mit dem Lied an die Freude geschenkt! Und mit der CD kann ich gar nichts anfangen, ich hab dafür ja gar keinen CD-Player!

Wie oft hab ich gesagt, dass ich keine Süßigkeiten mag – aber schon wieder bekomme ich eine Packung Trüffel! Und 4711 verwende ich auch nicht – und außerdem ist das sicher ein „Wandergeschenk", das die Tante selbst mal bekommen hat.

3. Die „Ich-kann-ihr/ihm-die-Freude-nicht-verderben"...

Und dann murmelt man: „Ach schön – die passt ja gut für langstielige Rosen, die Vase!"

„Oh ... Beethoven ... das Lied an die Freude, das kann man immer wieder hören!"

„Eine CD – toll! Die werde ich mir bald bei den Kindern anhören, die haben einen CD-Player!"

„Trüffel ... wieder was ganz Feines!"

„Das ist praktisch! Gut für Reisen und so ..."

Eine Lüge nach der anderen. Oder?

Nein! Wir sagen: Ausrede.

„Ich-kann-ihr/ihm-doch-die-Freude-nicht-verderben."

Zugegeben: Die Situation ist knifflig.

Manche Gaben erhält man, weil es eben üblich ist, zu diesem Anlass etwas mitzubringen und „irgendwas muss man doch schenken". Die freundlichen Dankesfloskeln fallen dann nicht so schwer, vor allem wenn der nächste Gast schon dasteht mit buntem Schächtelchen oder dem 5. Blumenstrauß.

Beachten Sie bitte eine wichtige Regel:

Wenn mehrere Besucher Begrüßungsgaben bringen, danken Sie möglichst allen gleichmäßig froh, gleichmäßig herzlich und gleichmäßig lange. Ob Sie jetzt eine gelbe Honigkerze in Empfang nehmen oder von einer schönen Schreibtischlampe überrascht werden, mit der Sie gar nicht gerechnet haben. Sie können ja später noch mal unter vier Augen Ihre Freude gerade über dieses Geschenk aussprechen. Nicht jeder hat Fantasie, nicht jeder hat Geschmack, nicht jeder hat Geld!

Aber höfliches und gutes Benehmen sollte man als Beschenkter zeigen – und wenn es geht, auch Freude und Dankbarkeit. Bei Begrüßungs- und Gratulationsgeschenken mit mehreren Personen ist das nicht zu schwer.

Die Zeiten haben sich sehr verändert. Aber wenn ältere Leute sehnsüchtig und verzückt in der Erinnerung schwelgen: „Was hab ich mich damals gefreut! Den ersten Füllfederhalter! Da war ich genau 10 Jahre alt! Aber heute ..."

Oder:

„Immer bekam ich einen Karl-May-Band! Zu jedem Weihnachtsfest und zu jedem Geburtstag! Und ich hab so darauf gewartet! Und es war das Schönste und Größte für mich, ein Karl-May-Band! Aber heute ..." Ältere sollten dabei nicht in der Erinnerung verdrängen, dass die Eltern viel weniger verdienten! Der Füllfederhalter und der Karl-May-Band das Budget oft arg strapazierten! Und weil es die Überfülle an Luxus gar nicht gab, existierten auch keine diesbezüglichen Wünsche oder Sehnsüchte.

Übrigens – Kinder suchen die Lieblingsgeschenke ganz anders aus. Auch schon in der „guten alten Zeit". Die selbst gestrickten Kniestrümpfe von der Tante, die praktische Schürze von der Oma hatten halt nicht den Erfolg wie der Füllfederhalter! Und der Pyjama und die Wollhandschuhe reichten halt nicht an die Karl-May-Begeisterung heran.

Nein, die Vergleiche mit früher hinken. Heute reagieren Kinder oft genauso. Na ja, der Jogging-Anzug war sowieso notwendig, aus dem alten war man rausgewachsen. Aber endlich ein eigenes Handy! Das war ein absoluter Knüller!

Und der Rucksack – der war fällig! Wo sollte man sonst die Studienunterlagen verstauen. Aber die neue Mega-Box-Stereo-Anlage, die war super!

Vielleicht hat man sich früher mehr bedankt – aber auch Alex und Nicole wählen ihre Favoriten ohne Be-

3. Die „Ich-kann-ihr/ihm-die-Freude-nicht-verderben"...

denken und ohne Rücksicht auf die Gefühle der Schenkenden.

In unserer Überflussgesellschaft hat es sich immer mehr eingebürgert, den Kindern einfach Geld zu geben. „Was soll man ihnen schenken, die haben sowieso alles und einen so eigenen Geschmack!" Oft erfahren die Verwandten gar nicht oder erst sehr spät, wofür ihre Geldumschläge verwendet wurden. Und da sie nichts selbst ausgesucht haben und dadurch teilnahmen am Wunsch der Kinder, wird es ihnen auch gleichgültiger.

Aber was machen wir Erwachsenen?

Auch da hat sich – zuerst unmerklich, dann immer selbstverständlicher – ein Wandel vollzogen.

Ein sehr beachtlicher übrigens. Er hat so seine zwei Seiten.

Vor 50 Jahren, also nach dem Krieg, gab es für fast alle fast gar nichts. Nicht nur keine Nahrungsmittel und keine Kleidung, auch keine Gegenstände, keinen Hausrat. Nichts! Weder ein Handtuch noch eine Schuhbürste, ein Verlängerungskabel oder eine Kaffeekanne. Aber Leute zogen in Wohnungen ein, junge Paare heirateten. Und so war es recht vernünftig, als zur Hochzeit der Schwester meiner Freundin an alle Verwandten und Bekannten eine Liste geschickt wurde, mit den Wünschen und dem Bedarf, den sie hatten:

Näh- und Stopfgarn. Zwei Brotmesser. Sechs Kaffeetassen und Unterteller Marke XY. Geschirrtücher. Zwei Kopfkissen.

Und jeder hakte das ab, was er schenken konnte.

Diese Notlösung machte Schule. Sie war ja auch fabelhaft! Was wollte man mit zehn Geschirrtüchern, wenn man keine Gabeln besaß? Wozu drei Vasen, wenn Wassergläser wichtiger gewesen wären? Die Auswahl in den Geschäften war noch nicht groß. Aber die

Hochzeiter waren über die Gaben sehr froh und dankbar. Das war ehrlich, denn sie konnten alles gebrauchen.

Die Sitte hat sich ein halbes Jahrhundert hindurch gehalten. Bei runden Geburtstagen und Jubiläen wird die Wunschliste von Freunden dezent herumgereicht. Nun ja – die Ansprüche haben sich verfeinert: Vom Rosenthal-Service „Japan-dream" die Teeschälchen oder von Special-Lights die Dimmerserie „Midnight". Und man kreuzt an oder sagt der besten Freundin Bescheid.

Wunderbar! Kein Kopfzerbrechen mehr: „Was schenke ich bloß!" Und nicht zu unterschätzen: Der Beschenkte weiß sofort, wie viel man preislich investiert hat und dass man sich nicht lumpen lässt! Und man geht mit der frohen Gewissheit zum Fest: Darüber wird der oder die sich freuen!

Stimmt auch.

Meistens sieht man es nur nicht.

Denn ebenso still klammheimlich hat sich die Gewohnheit eingeschlichen: Man übergibt das schön verpackte Geschenk. Das wird auf dem Gabentisch abgestellt, und die gute Freundin der Beschenkten flüstert: „Ist Ihr Namenskärtchen dabei?"

Ist es. Natürlich. Immer.

Und später – oft viel später erfährt man via Telefon oder per Postkarte, *wie* der Beschenkte sich gefreut hat und *wie* herzlich er sich bedankt.

Finden Sie, ich sei boshaft?

Ich gestehe Ihnen: Ich mache es auch so.

Das Auspacken und Bewundern, das schöne Papier und so fein geschmückt – und schon stehen die nächsten Gäste da. Das macht sehr nervös und die Ruhe des Bewunderns ist einfach nicht da. Und in der Aufregung weiß man oft später nicht – ja, von wem war denn der Karton mit dem Sekt ... oder die drei Bücher ... oder ... Unter uns: Die „Geschenk-Abstell-Sitte" entheht uns – vor allem ohne vorherige Bestellliste – der Danksagung für Präsente, die uns einfach nicht gefallen, weil wir einen anderen Geschmack haben. Denn aus dem Alter von Alex und Nicole sind wir raus! *Wir müssen alle Geschenke würdigen.*

Und bei der Geschenk-Abstell-Sitte segeln wir um alle Klippen meistens ohne Lügen, Ausreden oder falsche Freudenrufe herum.

Sehr viel prekärer sind die offiziellen Präsente, die uns im Saal, in der Aula oder nur im größeren Kollegenkreis überreicht werden. Denn sie sind meistens wertvoll, teuer, und dementsprechend sollte der Dank ausfallen.

Sie kennen aus dem Fernsehen die Ehrung von Politikern, Regierenden oder anderen verdienstvollen Personen. Da wird dem Besucher z. B. eine wertvolle Ikone überreicht – eine Spezialität dieses Landes. Der Beschenkte mag keine Ikonen. Die verzückten Heiligen, der segnende Pankrator, der gefolterte Märtyrer – mit solchen himmlischen Sphären kann man nichts anfangen. Aber der Gastgeber erwartet Dank!

Wir nehmen also zur Ehrenrettung des fremden Besuchers an, dass ihn Sachbearbeiter und Dolmetscher auf diese Zeremonie vorbereitet haben.

Oder der Stammeshäuptling des ostafrikanischen Eingeborenenstammes ehrt den westlichen Gast im dunkelblauen Zweireiher mit der Übergabe seiner Pfauenfederkrone und dem Muschelhalsschmuck. Und das Fernsehen ist unbarmherzig, wenn die Krone schief sitzt, der Halsschmuck zu eng ist und der Geehrte sichtlich nervös wird.

Und in diese Situation kommen die meisten von Ihnen auch ein-, zwei-, dreimal im Leben!

Wann? Sie haben z. B. ein 20-jähriges Firmenjubiläum oder Sie werden zu Ihrem 60. oder 70. Geburtstag von Ihrer Partei oder Ihrem Verein geehrt oder die Familie macht Ihnen zum goldenen Hochzeitstag ein großes Gemeinschaftsgeschenk.

Immer aber will man Sie in einem solchen Fall überraschen. Es wird beraten, gestritten, hin und her überlegt: Da wird er staunen – das wird sie freuen – das mag er gern – das ist für den Anlass genau richtig!

Man sammelt das Geld oder greift tief in die Gemeinschaftskasse – eine stattliche Summe steht zur Verfügung.

Alle Augenpaare sind erwartungsvoll auf Sie gerichtet, wenn Ihnen im Betrieb, in der Firma, im Familienkreis das tolle Geschenk überreicht wird.

Haben Sie eine Ahnung, was da auf Sie zukommt? Nein? Dann tun Sie gut daran, sich entsprechend vorzubereiten.

Ich habe in zahlreichen Seminaren über Körpersprache, Gestik und Mimik und Rhetorik mit der Teilnehmergruppe zuletzt ein Spiel gemacht:

Alle sitzen im Halbkreis. Ein Rednerpult oder ein Stuhl mit der Lehne zum Publikum gewandt, wird mit einem Großkalender bestückt, dessen Bilder nur der Festredner sieht, nicht die Zuschauer. Der Kalender zeigt große bunte, sehr schöne Gemälde berühmter Maler aller Jahrhunderte. Also von Giotto bis Picasso – Menschen, Blumen, Gegenstände, Landschaften. Madonnen- oder Aktbilder. (Die Kalender waren immer Werbegeschenke großer Firmen.) Ich schlug mit geschlossenen Augen und *für alle nicht sichtbar* irgendein Monatsbild auf und stellte es auf diese provisorische Stuhl-Staffelei.

Jeder der zehn oder 14 Teilnehmer kam dran. Je nach Alter schlug ich vor: Das schöne und teure Bild ist ein Familiengeschenk, Präsent der Kollegen zum Geburtstag, Jubiläum oder Berufsabschied. Alle haben dafür Geld gesammelt und eine Kollegin beauftragt, das Bild zu besorgen. Alle erwarten, dass sich der Beschenkte freut.

Wie reagiert sie – oder er?

Was sagt er oder sie und wie?

Freut er oder sie sich oder merken wir an irgendetwas die Enttäuschung, ja das Befremden?

Wie verbirgt sie oder er das?

Wie echt ist seine oder ihre Überraschung?

Das Bild wurde nicht gezeigt, auch der Maler nicht genannt, falls ihn der Beschenkte kannte.

Sie würden staunen, wie treffend und genau die Zuschauer die Reaktionen des Bildbetrachters charakterisierten!

Inge schnappte nach Luft und fing stockend und stotternd an: „Ja ... also so was ... also nein ... Ich danke euch aber sehr ... also nein ..."

Astrid beugte sich tief über das Bild, blieb mit dem Kopf eine Weile unten und murmelte: „Das muss ich mir genau ansehen ... aha ... oh ja ... was habt ihr euch da Schönes für mich ausgedacht ... das ist ja ..." Das Gesicht sah man kaum.

Walter legte die rechte Hand nachdenklich vor den Mund an die Nase, schüttelte den Kopf, ging zögernd einen Schritt zurück und wieder vor, klammerte sich mit beiden Händen seitlich links und rechts an den Bildrand: „Ja ... also liebe Kollegen, das ist wirklich eine ganz tolle Idee von euch ... ich denke, das Bild passt genau in meinen Hobbyraum im Keller ..."

Man konnte *alles* bei *allen* im Gesicht sehen und die Reaktionen der Gesten deuten, den Ton der stockenden oder flüssigen Sätze hören. Manchmal war der Geschmack getroffen: dann kamen die Worte leichter, fließender, schneller. Oder die Pausen, das Weg- oder Hinwenden, die flatternden Hände verrieten eine gewisse Unsicherheit, ja Hilflosigkeit: Was sag ich jetzt – ist doch absolut nicht meine Kragenweite! Was soll ich nur damit?!

Natürlich gab es auch Kursteilnehmer, die sich vorher wappneten und unbedingte Freude und Dankbarkeit ausdrücken wollten. Besondere Heiterkeit rief ein junger, energiegeladener Mann hervor, der sich schwungvoll der Staffelei näherte: „Liebe Kollegen, also eine größere Freude hättet ihr mir nicht machen können! Dieses Bild wird einen Ehrenplatz in meiner Wohnung einnehmen ..." Und dabei hatte er noch nicht mal einen Blick darauf geworfen!

Unvergesslich ist mir eine jüngere Dame, die heiter lächelnd begann: „Ja, meine lieben Freunde ..." Dann erblickte sie das Bild, und ein fassungsloses Staunen zog über ihr Gesicht. Und dann begann sie zu lachen, so herzlich, so ansteckend, die Tränen rannen ihr vor Vergnügen aus den Augen, und prustend rief sie immer wieder „Ja, was soll das denn? Wer ist denn das?" Wir lachten alle mit und wollten endlich das Objekt ihres Vergnügens sehen.

Es war von Vincent van Gogh das Ölbild „Der Postbote Roulin".

Für Kunstkenner sicherlich ein Millionenobjekt. Aber als „Geschenk" für die fröhliche Pia erschien ihr der brave Postler mit dem goldgelockten Backenbart und seinem blauen Käppi auf dem Kopf so unsäglich erheiternd und lachhaft, dass sie sich nicht beherrschen konnte. Ihr Lachanfall war eigentlich die beste Blickpunkt-Ausrede, die man sich vorstellen kann. Ich habe das Kalenderblatt noch heute – mich dürfte kein Kunstexperte nach meinem Urteil fragen, ich würde genauso hemmungslos zu lachen anfangen.

Damit kommen wir zum Kernpunkt:
Wie verhalten Sie sich in einer solchen Situation?

Erwartungsvoll hat man Ihnen ein schönes Geschenk präsentiert, wertvoll, sozusagen lebenslänglich: Kunstband Großformat, 193 Seiten! Picasso, Matisse oder Fra Angelico. – Eine Facsimile-Ausgabe eines mittelalterlichen Gebetbuches. – Gesammelte Werke von Adorno mit neuer Rechtschreibung. – Theodor Fontanes Briefe in Prachtausgabe. – Eine fast echte Käthe-Kruse-Puppe. – Ein handgemalter Schmuckteller, Meißen.

Wenn Sie sich freuen und tief gerührt sind – wunderbar! Dankesworte brauchen keine Anleitung.

Aber, wenn nicht?

Gut ist:

1. Denken Sie daran, schon beim Zugehen auf das Geschenk ein wenig mit geschlossenen Lippen zu lächeln. Nach einem flüchtigen Blick ahnen Sie schon, was Sie erwartet. „Bevor ich mir gleich in Ruhe euer Geschenk ansehe, möchte ich allen meinen tief empfundenen Dank aussprechen, dass ihr euch zu meinem Gedenktag so viel Mühe gegeben habt ...." Lesen Sie schnell nochmal nach: Politiker nach einer verlorenen Wahl (S. 71). Sie danken für Aufwand und Vorbereitung, das können Sie ehrlich aussprechen und ruhig dabei Ihre Gemütsbewegung zulassen. Das ist *keine* Ausrede! Dabei fassen Sie sich, und die innere Emotion erlaubt es Ihnen dann auch, die Sätze über das Geschenk stockend vorzubringen. „Mir fehlen wirklich die Worte ..."

Die fehlen Ihnen wirklich. Was sollen Sie mit diesem Präsent anfangen?! Konzentrieren Sie sich auf den Dank über die Überraschung, die Feierlichkeit, die Gemeinschaft mit den Kollegen.

Ob in Familie oder Beruf – das ist die beste und überzeugendste Art, Ihr Urteil über das Geschenk vorläufig zu vermeiden. Machen Sie es wie bei der Zeichnung vom kleinen Alex, den zerdrückten Gänseblümchen von Nicole.

Bitte beachten Sie:

Überraschung, Verwunderung und Staunen in Ihren Sätzen sind besser als gleich ein Urteil, falls dieses nicht ehrlich positiv ist.

2. Formulieren Sie vorsichtig:
„Ich glaube, da werde ich mir viel Muße und Zeit nehmen zu lesen oder zu schmökern ..."

„Die Vase (das Bild, eine Figur) werde ich mir immer wieder ansehen und den richtigen Platz dafür suchen ..."

„Da werden die Kinder aber staunen ... und meine Eltern ..."

„So was Seltenes und Kostbares hab ich noch nie gesehen. Da habt Ihr wohl lange gesucht ... Und wie Ihr auf diese Idee gekommen seid ..." Merken Sie, dass bei Überraschung und Staunen die Ausrede: „Ach, das ist ja wunderschön! Nein, wie mich das freut!", hinausgezögert wird?

Bitte beachten Sie:

Schlagfertige Antworten, geschicktes Hinauszögern bei einem Angriff oder Schlagabtausch mit Partnern gehen über den *Kopf*, über Geistesgegenwart und promptes Reagieren.

Bei den eigenen Ausreden vor uns selbst: „Die haben es doch so gut gemeint ... ich will ihnen ja nicht wehtun" wird das Herz, das Gemüt angesprochen. Und da fällt es uns sehr viel schwerer, die richtige Antwort zu finden.

Natürlich kennen und können wir alle die Ausrufe „Ach toll! Super! Ist ja Klasse! Das ist ja fabelhaft!" Das müssen Sie aber sehr gut bringen, wenn man Ihre wahre Meinung nicht heraushören soll.

Versuchen Sie also einfach, vor so einer Ehrung, einem Fest, einer Geschenkübergabe die Einstellung in sich zu verankern: Sie wollen mir eine Freude machen und darüber will ich mich doch freuen!

3. Weniger gut ist so eine Reaktion:
„Nein, was habt ihr für ein Heidengeld ausgegeben! Sowas ist ja elend teuer! Ach, viel zu kostbar für mich! Passt gar nicht zu mir Simpelperson! Kann ich nicht mit gutem Gewissen annehmen!" Ganz schlecht ist:

„Ach, du meine Güte! Da muss ich mal sehen, wo ich das hinstelle. Ich hab ja so wenig Platz in meiner Wohnung!"

Oder:

„Na ja ... daran muss ich mich erst gewöhnen ... ich hab ja was ganz anderes erwartet − also Schwamm drüber! Als Erinnerung an euch hat es immer einen Wert für mich. Ehrlich!"

Es gibt natürlich auch die Wahrheitsfanatiker, die einfach sagen: „Nee, Leute, gut gemeint, aber nichts für mich. Könnt ihr das nicht umtauschen? Ich kann mit dem Ding nichts anfangen." Vielleicht, wenn man sich mit den Schenkenden in der gleichen Altersgruppe befindet (sehr jung), dann ist diese Variante möglich.

Zwischen den Generationen ist sie ein schwieriger Balanceakt. Und im Berufsleben gar nicht zu empfehlen, höchstens im kleinen vertrauten Kreis. Einige sagen dann nämlich: „Eben eine ehrliche Haut", andere meinen „Undankbarer Knochen! Wieder Perlen vor die Säue geworfen!"

An meine erste Ausrede „Ich-kann-ihr/ihm-doch-die-Freude-nicht-verderben" kann ich mich sehr deutlich erinnern. Vielleicht ahnte ich damals, dass es meine erste Lüge aus Liebe war.

Aufklärung war in meiner Kindheit kein so dominantes Thema. Es gab noch keine Pornofilme und die Liebespaare auf Bildern waren meist bekleidet. Die Neugierde wurde also wenig angestachelt. Außerdem verschlang ich Bücher meterweise und war in der Märchen-, Sagen-, Mythen- und Zauberwelt glücklich beheimatet.

Irgendwann – ich muss so sieben oder acht Jahre alt gewesen sein – fühlte sich meine heitere und zärtliche Mutter verpflichtet, mich aufzuklären. Zu diesem sicherlich mit Ängstlichkeit erwarteten Moment nahm sie mich an einem Abend liebevoll in den Arm und erzählte mir, dass ich in ihrem Bauch gewachsen sei und dann das Licht der Welt erblickt hätte ...

Die dämmrige Abendbeleuchtung verhinderte, dass sie mein verstörtes und fassungsloses Gesicht sah. *Ich* ... nicht auf Seerosenblüten unter Elfen und Nixen das natürlich schönste Kind, von Schwänen oder Störchen über den Ozean gebracht und nur versehentlich nicht an einem Königshof aufgewachsen – *ich* ... in einem scheußlichen dicken Bauch mit allem Gekröse und Gedärm gewachsen? Ich war stumm vor Schreck. Und da beendete meine von mir sehr geliebte Mutter die Aufklärungszeremonie mit den Worten: „Und weißt du, was deine Cousine Hertha zu ihrer Mutter sagte, als sie das gehört hat? Sie hat gesagt: Muttilein, jetzt hab ich dich noch viel lieber als früher!" Und dabei sah mich meine Mutter an, mit ihren blanken, erwartungsvollen braunen Augen und ganz frohem Gesicht. Und ich, ich sagte die erste stockende Das-kann-ich-ihr-doch-nicht-antun-Lüge meines Lebens: „Ich dich auch, Mutti!" und versteckte mein Gesicht an ihrer Schulter.

Viele, viele Jahre später – sie war schon sehr alt, aber hatte immer noch die blanken, braunen, erwartungsvollen Augen, gestand ich ihr diese erste Ausrede meines Lebens. Kein Vertuschen von kleinen Vergehen, kein Schwindeln wegen kindischer Streiche. Und dass ich diese Not-Ausrede nie vergessen habe.

„Aber ich konnte dir doch nicht wehtun!"

Meine Mutter erinnerte sich nicht mehr. Aber sie nickte anerkennend und sagte heiter und leichthin: „Das war ganz recht von dir. Damals hätte es mich sicher traurig gemacht, dass du meinen Bauch scheußlich fandest. Aber heute können wir beide darüber lachen!" Nicht immer in meinem Leben konnte ich die feine Grenze zwischen *Lüge* und *Ausrede aus Liebe* so gut erkennen und bewältigen. Leider nicht.

4. Die Stille-Post-Ausreden

Sie erinnern sich alle an eine Phase der Kinder- und Schulzeit, da es bei Geburtstagen und ähnlichen Anlässen beliebt war, „Stille Post" zu spielen: Man sitzt im

Kreis oder nebeneinander und alle spitzen sehr aufmerksam die Ohren. Einer denkt sich ein Wort aus, das lang und schwer zu sprechen ist. Sehr beliebt war: Donaudampfschifffahrtsgesellschaftskapitän. Oder Geburtstagsgesellschaftsfestessenredner. Heute nimmt man vielleicht etwas Zeitentsprechendes: Intergalaxyraumfahrtsinvasionstrupp. Es darf aber kein selbsterfundenes Blödsinnswort sein, sondern muss durchaus einen Begriff darstellen.

Dieses Wort zischte man möglichst leise und schnell dem Nachbarn ins Ohr. Der zischte es – so wie er es gehört hatte – dem Nebenmann zu, der wiederum gab es seinem Nachbarn weiter. Der Letzte sagte dann laut: „Ich habe Domanatreen verstanden." Allgemeine Heiterkeit. Besonders freche Jungs oder kecke Mädchen hatten natürlich etwas Unanständiges verstanden: „In die Hosen machen schön!" oder „Mit dem Wauwau auf Gassi kacki gehen!" Man lachte und quiekte vor Spaß.

Lang, lang ist's her? Oh nein! Der Satz, den man sich zuzischelt, ist nur etwas verändert!

Der russische Dichter Anton Tschechow, ein Meister der Pointierung, hat das in seiner Kurzgeschichte „Der Stör" köstlich geschildert:

Die festliche Gesellschaft harrt des Mittagsmahls. Man riecht schon den verheißungsvollen Duft – der Stör wird zubereitet. Der Hausherr, ein Genießer und Feinschmecker, schlüpft durch die Küchentür, und beim Anblick des prächtigen Fisches stößt er ein lautes und entzücktes Schmatzen und Schnalzen aus.

Die Festrunde erstarrt. Als er wieder hereinkommt, bemerkt er die indignierten Blicke der Damen, das Augenzwinkern der Herren: Er habe wohl dem drallen Küchenmädchen sein handfestes Wohlwollen gezeigt!?

Und alles Beteuern und Versichern des entsetzten Hausherrn, dass sein Schmatzen nur dem leckeren Stör gegolten habe, nutzte nichts. Das Lauffeuer entfachte sich, man tuschelte, man wusste bereits: Das ginge ja schon lange! Das sei ein festes Verhältnis, die arme Ehefrau müsse dies alles erdulden! Die Nachricht jagte durch seine Behörde, verbreitete sich in der Stadt – der arme Mann war blamiert und ruiniert.

Das ist – noch heutzutage – die Kette der „Stillen Post"!

Angeblich gut Eingeweihte hören etwas und bilden sich ein Urteil. Leute mit einem „heißen Draht" erzählen es der Presse und den Medien. Immer wieder schürt neue Nahrung die Kolportage und so verbreiten sich die Gerüchte mit Windeseile: Flirt – Seitensprung – Verhältnis – Untreue – Homosexualität – Perversion – Scheidung. Alles entstellt und verzerrt. Aber wo lag der kleine Kern der Wahrheit?

Je prominenter und bekannter jemand ist, umso mehr Leute beteiligen sich an der Tuschelrunde der „Stillen Post", die nun gar nicht mehr still ist.

Lassen Sie mal die Personen Ihrer Familie, Ihres Berufs- und Bekanntenkreises Revue passieren!

„Was ist? Dem Herrn Müller ist schwindlig geworden – im Kaufhaus? Der soll ja einfach umgekippt sein ...? Vielleicht ein kleiner Schlaganfall ...? Natürlich, der war ja schon lange so wackelig ...! Kann kaum Arme und Beine bewegen ...? Meine Güte, ein Pflegefall, wie entsetzlich ...! Für immer im Rollstuhl? Querschnittgelähmt ...? Kann keinen Satz mehr sprechen? Auch noch Alzheimer ...?" Das ist dann bei der „Stillen Post" die Endstation.

Und nun trifft man Frau Müller.

„Gott, wie furchtbar! Ich hab schon gehört! Ihr Mann ist querschnittgelähmt und hat Alzheimer ..."

Und Frau Müller ist mit Recht wütend und empört und außer sich. „Wie können Sie nur so etwas sagen! Das stimmt doch alles gar nicht! Mein Mann geht ab morgen wieder ins Büro!"

Und nun kommt Ihre berechtigte Verteidigung: „Aber das habe ich gehört! Man hat mir erzählt, wie schlecht es ihm geht, dass er wohl im Rollstuhl sitzen muss, und dass er so mühsam spricht, und da dachte ich, das ist wie bei meinem Onkel, das kann nur eine Querschnittlähmung sein ..."

Ist das nun eine Ausrede?

Nein, es ist eine Mittellage: Man hat wie immer halb zugehört, die eigene Fantasie hat einiges hinzugefügt: „Das könnte so sein ... das sieht aus wie ...", und der Nächste verwendet diese Vermutungen als Tatsachen. Nach dem Schneeballprinzip wird daraus eine ständig wachsende Lawine.

Man lügt nicht.

Man hat etwas gehört, zieht daraus Schlussfolgerungen, die man als Realitäten weitergibt, und der nächste Zuhörer macht dasselbe.

Es muss ja nun nicht gerade ein Krankheitsfall sein. Bei Klatsch und Tratsch in Büro und Kantine erzählt die kleine Meier kichernd, dass der unnahbare Chef im Flur sogar ihren Arm angefasst habe ... und daraus wird in der „Stillen Post" der Lüstling, der sie geküsst, in sein Zimmer gedrängt und überm Schreibtisch fast vergewaltigt hat.

Nicht selten wuchern solche Geschichten, gespeist von Langeweile, Sensationslust, Neid und Bosheit bis in die Privatsphäre und zerrütten oder zerstören Bindungen. Und jeder kann sagen: „Also ich war es nicht! Ich hab das ganz definitiv von A gehört!"

Und A sagt: „Also B sagte es mir, er weiß es genau, weil C das am Tisch erzählt hat ..."

Niemand war es allein. Niemand hat direkt gelogen. Das, was man mit halbem Ohr gehört hat, schmückt die eigene Fantasie unbewusst etwas weiter aus. Aber: *Nein, man selbst war es nicht. Wirklich nicht.*

Die Regenbogenpresse lebt von solchen „Stille-Post"-Geschichten. Die Fotografen jagen nach solchen Bildern.

Denken Sie bitte kurz an Ihr letztes Betriebsfest, das Fortbildungsseminar, irgendeine Versammlung mit anschließendem Essen, an ein Vereinstreffen. Hundertmal wurden Sie von jemandem in den Arm genommen, Begrüßungs- und Abschiedsküsse wurden getauscht, und beim Tanz drückte man sich eng an Herrn X, und beim Wein streichelte man verstohlen Frau Y. Zum Glück bestand bei Ihnen weder Anlass für eine „Stille Post", noch hätte der lächerliche Schneeball zur Lawine werden können.

Aber jeden Tag sehen Sie solche Bilder von bekannten Personen oder Prominenten in der Zeitung – und da ist es ein neues Verhältnis, ein wahrscheinlicher Scheidungsgrund oder bereits eine mögliche Schwangerschaft von dem, der neben der Fotografierten steht.

Die Schreiber oder Fotografen solcher Kolumnen haben die Blickpunkt-Ausrede: „Es sah für mich so aus – alles deutete darauf hin – es schien doch sicher, dass ..." Und der Leser sagt: „Aha, so ist es also, ganz klar!"

In der großen Hollywood-Zeit der 50er und 60er Jahre gab es zwei Kolumnistinnen, vor denen alle Stars und Produzenten zitterten: Louella Parson und Hedda Hopper.

Beide konnten mit einem Satz Karrieren hochjubeln oder vernichten. Man konnte sie nie mundtot machen. Sie haben nie gelogen. Sie haben eben etwas aus verschwiegenen Ecken gehört ... Man hat ihnen etwas unter vier Augen zugeflüstert ...

Die „Stille Post" der Medien hat immer Ausreden zur Hand.

5. Die Liebes-Ausreden

Die Branchen der Information und die der Unterhaltung leben fast alle von dem Hauptthema unseres Lebens: von der Liebe. Romane und Filme jeden Niveaus – vom Trivialsten bis zum Anspruchsvollsten – nennen das Gefühl, das Menschen zueinander führt, den Kernpunkt, die Ursache für höchstes Glück und tiefstes Leid. Alle Varianten, alle Steigerungen und Abgründe, gehen auf diese Wurzel zurück. Natürlich gibt es auch solche, die von anderen Triebfedern geprägt sind: Macht- oder Geldgier sind hier sehr dominant, religiöser und politischer Fanatismus, dienende Menschenliebe, unersättliche Wissens- und Forschungsbegierde sind bei vielen Charakteren stärker ausgeprägt als Liebesgefühle.

Aber fast alle kennen die Begegnung mit einem Menschen, die – meist einschneidend und unvergesslich – ein wesentliches Ereignis in ihrem Leben war. Oft mit bitterem oder traurigem Ausgang, wie die Verbindung der zwei Worte Herz-Schmerz verkündet. Wie oft hört man Partner nach einer Zeit der Zusammengehörigkeit mit Enttäuschung, Wut oder Resignation klagen:

„Früher war er so zärtlich ..."

„... er sprach mit mir über alles, ich konnte ihm alles erzählen, davon ist nichts mehr da. Nur noch seine Arbeit, seine Sorgen, sein Ärger ..."

„... ich interessiere ihn überhaupt nicht, er hat keine Zeit für mich ..."

„... ich kenne ihn gar nicht wieder, er hat sich so verändert ..."

Und er sagt:

„Früher war sie so reizend und heiter und liebevoll und immer bereit für Zärtlichkeit ..."

„... so interessiert an allem, was ich sagte, nahm Anteil an meiner Arbeit, und heute krittelt sie nur an mir herum ..."

„... sie ist so bissig geworden, schimpft und hat keinerlei Interessen außer den Kindern und dem Fernsehen ..."

„... ich kenne sie gar nicht wieder, sie hat sich so verändert ..." *Was stimmt?*

Stimmt es, was er behauptet, was sie sagt?

Oder gebrauchen sie nur beide Ausreden, um das Erkalten der Gefühle vor sich und anderen zu rechtfertigen?

Was hatte sich denn bei so vielen Paaren verändert? Sind sie wirklich andere Menschen?

Oder - haben vielleicht wir uns verändert?

Gehen wir bitte an den Ausgangspunkt der Beziehung zurück. Es wird Ihnen nicht schwer fallen, sich sofort an die Überwältigung der Gefühle zu erinnern.

Was war denn da passiert? Bei allen Menschen stellen sich im Stadium der Liebe oder starker Verliebtheit alle Antennen auf den anderen ein - ganz einfach, wie im Schlaf. Alle körpersprachlichen Signale an Gesten, Haltung, Ton, Mimik und Sprache reagieren so, wie es dem Partner gefällt. So, wie sie sich bewegt, lacht, spricht, sich kleidet, gefällt es ihm im Innersten - sonst wäre er ja nicht so verzaubert! Und vielleicht fand er vorher sogar solche Frauen schrecklich!

Und er tritt so lässig oder aggressiv oder so bescheiden auf, wie sie es mag – und nur bei ihm mag – und es entsteht von beiden Seiten dieses himmlische Gefühl, was bedichtet, besungen und gemalt wird und als das höchste Glück der Erde gilt.

Ob nun Begierde oder Leidenschaft, Zärtlichkeit oder innigste Empfindungen, Verstehen und Aufeinander-Eingehen vorrangig waren, man bekam immer ein Echo. Auf alles, was man aussandte! Und man gab auch immer ein Echo zurück, wenn der andere Impulse an uns ausschickte. Alle unsere Antennen waren auf das Du ausgerichtet und alle Strahlen, die wir aussandten, wurden sofort vom Du reflektiert. Selbst wenn man gegenteiliger Meinung war – in diesem Echo-Effekt wurden wir schöner, liebenswerter, gesprächiger und interessanter, begehrenswert und faszinierend – einfach einmalig.

Und die Beteuerungen: „Du bist die Schönste, Klügste und Überwältigendste – keine Frau ist wie du!" und: „Du bist der Wunderbarste und Tollste, Größte und Gescheiteste – kein Mann ist wie du!" – das waren keine Lügen, keine Schwindeleien, kein Flunkern, um den Partner, die Partnerin für sich zu gewinnen: *Man glaubte es! Man ist davon überzeugt.* Und die Spiegelung im anderen bestätigt uns und gibt es als wunderbares Echo zurück.

Das Gefühl, das wir „Liebe" nennen, hat uns hellsichtig und hellhörig gemacht, für all die Anlagen, die im Du liegen. Später, wenn Enttäuschung uns verbittert, sagen wir: „Liebe macht blind." Oh nein!

Liebe hat uns so auf das Gegenüber eingestellt, dass wir mit feinem Gespür all das anbieten, was den anderen an uns entzückt. Und da unser Gegenüber das

Gleiche tut und all seine Möglichkeiten und Gaben auch vor uns ausbreitet, die wir glücklich annehmen, stehen wir beide im Licht. Wir erahnen, erschmecken, erfühlen und erfüllen uns gegenseitig.

Das Leid und die Erbitterung sind grenzenlos, wenn dieses beglückende Echo erkaltet, erlahmt, abbröckelt oder abstirbt.

Wir rufen und suchen nicht mehr nach dem Echo.

Wir hören und sehen nicht mehr, was der andere aussendet.

Und wir voller Leid und voller Zorn sagen:

„Wenn ich geahnt hätte, dass er einmal so sein wird! Wenn ich schon früher gemerkt hätte, wie er eigentlich ist! Ich war ja so dumm, so blind, so vertrauensselig!"

Oder:

„Wie konnte ich so blöd sein, so verblendet! Wenn ich nur eher gesehen hätte, wie die einmal sein wird! Jetzt merke ich erst, wie sie wirklich ist!"

Aber:

Er hat ja noch die gleichen Eigenschaften, die sie einmal so beglückt haben!

Sie hat ja noch die gleichen Eigenschaften, in die er einmal so verliebt war!

Haben er oder sie im Lauf der Zeit ihren Blickpunkt verändert? Haben beide in den langen gemeinsamen Jahren verlernt, ihre Antennen für den anderen auszufahren und das Echo zu empfangen? Könnte und sollte man nicht versuchen, die Spirale, die sich so anklagend hochgeschraubt hat, wieder zurückzuverfolgen zu den Anfängen, und da das ursprüngliche Bild erneut zu entdecken?

Versuchen wir es einmal. Eine Ehe wurde unter dem Blickpunkt der Liebe geschlossen. Beide sahen einander so:

SIE war für ihn: *Später erschien sie ihm:*
beeindruckbar   leidend
mütterlich   betulich
schöpferisch   spinnerig
empfindsam   sentimental

ER war für sie: *Später erschien er ihr:*
optimistisch   laut
sehr bestimmt   unnachgiebig
überlegen   überkritisch
witzig   bissig

In der Liebe ist diese Eskalation besonders bitter. Drehen Sie die Spirale zurück! Die Wurzeln sind doch die gleichen, wir haben sie doch einmal so deutlich erkannt. Die Zeit hat Auswüchse gefördert ... *aber sollten auch wir nicht unsere Spirale wieder zurückverfolgen?* Vielleicht sind *unsere Klagen* dann auch Ausreden und *wir* haben uns verändert ...?

Die Spirale entsteht auch bei zahlreichen anderen Bindungen. Eine Mutter lebt mit der unverheirateten oder geschiedenen Tochter zusammen. Eine vertraute und innige Gemeinschaft.

DIE MUTTER
war für die Tochter: *Später erschien sie ihr:*
zutraulich   aufdringlich
spontan   hektisch
unterhaltsam   neugierig

DIE TOCHTER
war für die Mutter: *Später erschien sie ihr:*
beschützend   Besitz ergreifend
souverän   rechthaberisch
strahlend   prahlerisch

Auch im Beruf kann eine Bindung zu gravierenden Zerwürfnissen führen. Zum Beispiel bei zwei Partnerinnen im Beruf: Anwältinnen, Heilpraktikerinnen, Boutique-Inhaberinnen:

DIE ÄLTERE
war für die Jüngere:
verbindlich
charmant
geschickt bei Geld

Später erschien sie ihr:
berechnend
kalt und glatt
gerissen im Umgang mit Geld

DIE JÜNGERE
war für die Ältere:
kreativ
geheimnisvoll
verschlossen

Später erschien sie ihr:
verrückt
unberechenbar
schwierig

Wenn Berufspartnerschaften gelöst werden, weil „es nicht mehr ging ..." oder „... sich anders entpuppt hat ...", haben *beide* sehr oft die spontanen Gemeinsamkeiten oder Ergänzungen vergessen, die sie einmal beflügelt haben.

6. Die Spiegel-Ausreden

Eine weitere, sehr häufig verwendete Ausrede ist uns allen geläufig: Was wir als unser Spiegelbild ansehen, wird von anderen als verzerrtes Bild gedeutet. Wenn wir sagen „Aber ich bin doch gar nicht so! Ich wollte doch eigentlich ...", ist dies zwar oft die von der Natur gemeinte Wurzel unseres Charakters, die Umwelt empfängt jedoch ein anderes Echo.

ICH	DIE ANDEREN
halte mich für:	*sehen mich so:*
tolerant	gleichgültig
distanziert	unpersönlich
verbindlich	ohne Standpunkt
diplomatisch	konformistisch

Unser fassungsloses und ungläubiges „Aber ich bin doch eigentlich ..." wird als Ausrede für unsere Unzulänglichkeit bewertet. Beachten Sie bitte: Häufige Worte aus Ihrer Umgebung wie:

„Du hast dich ja so verändert!"
„Früher warst du nicht so!"
„Ich kenne dich gar nicht wieder!"
„Was ist nur aus dir geworden!"

sollten Ihnen zu denken geben. Welche Eigenschaft, welche Charakterveränderung ist gemeint? Wie war ich denn damals?

Gelegentlich sind diese Äußerungen wirklich positiv gemeint und sollten als Ansporn benutzt werden, die eigene Spirale zurückzuschrauben. Eine neue Liebe, eine neue Umgebung, ein anderes Umfeld rufen oft ein gutes Echo hervor. Dann spitzen Sie Ihre Ohren, damit Sie es nicht verlieren!

7. Die Schmeichel-Ausreden

Wann darf man sie anwenden, die Schmeichel-Ausrede? Sie ist natürlich Berechnung! Sie ist überlegt und geplant und wird ohne jeden Skrupel zum eigenen Vorteil eingesetzt. Die Spannweite ist ziemlich

7. Die Schmeichel-Ausreden

umfangreich: Man will etwas vom anderen. Die harmlose Variante heißt im Sprachgebrauch „um gutes Wetter bitten", „einschmeicheln", „Honig ums Maul schmieren", „nach dem Mund reden". „Hinten hineinkriechen" ist die derbe Version. Alles bedeutet – mehr oder weniger dick aufgetragen –, dass man sich schöner Worte, einschmeichelnder Töne, sogar verlogener Phrasen bedient, um sich das Gegenüber geneigt zu machen – und zwar meist von unten nach oben. Diese Schmeichel-Ausreden sind vorwiegend im Ausbildungs-, Bewerbungs- und Berufssektor verbreitet.

Wer wird schon sagen, dass er den Chef widerlich und das Betriebsklima mies findet, wenn er danach gefragt wird, aber unbedingt in der Stellung bleiben will oder muss?

Wer wird sagen, dass er eigentlich eine viel bessere Position und höheres Gehalt erwartet hat – aber alle Versuche erfolglos waren und nur noch dieser Rettungsanker bleibt?

Wer wird schon sagen, dass er beim näheren Hinsehen den Familienclan des Partners zum Kotzen findet, um des lieben Friedens willen jedoch die ganze geizige, streitsüchtige oder einfach lästige Mischpoche erträgt?

Bitte nicht zu vergleichen mit den barmherzigen Ausreden Kranken oder gar Lebensgefährdeten gegenüber! Da sind sie notwendig!

Nein, bei den vorwiegend berufsbedingten Schmeichel-Ausreden ist der gute Eindruck, den man macht, ganz entscheidend! Aber sie sind äußerst schwierig!

➢ Wie dick darf ich auftragen?
➢ Wann könnte das Gegenüber misstrauisch oder skeptisch werden? Wann schieße ich eventuell mit meinem Lob haarscharf über das Ziel hinaus?

➤ Wie bleibe ich mit meiner Anerkennung im Rahmen meines Charakters und meines Wesens?

Bitte beachten Sie:

Ein eher wortkarger und verschlossener Typ, der sein Lob äußern will und muss – wenn er sein Ziel erreichen möchte –, sollte daran denken:

Für eine Beurteilung sind eher solche Worte zu wählen:

➤ „Sehr beachtlich, wirklich zu begrüßen ..."
➤ „... übertrifft die Erwartungen ..."
➤ „... damit kann man gut leben und es akzeptieren ..."
➤ „... wird man sich bestimmt zu Eigen machen ..."
➤ „... hat Vorteile, die man sofort gemerkt hat ..."

Auch wenn Sie eigentlich pessimistisch sind und gar nicht begeistert: *Die Person oder die Sache sind für Sie wichtig! Sie müssen sich einfühlen, anpassen, eine gute Figur machen!*

Aber:

Immer im Rahmen Ihrer Möglichkeiten, damit Sie glaubhaft wirken und bleiben. Es wäre für diesen Typ völlig falsch und unnatürlich, von „wundervoll – einmalig – ein Traum – alle Wünsche erfüllt – absolutes Non-plus-ultra" zu sprechen. Das käme beim Gegenüber in die falsche Kehle.

Ein Tipp:

Verwenden Sie als Schmeichel-Ausreden Worte oder Begriffe, die Sie auch benutzen, wenn Ihnen wirklich etwas gefällt und zusagt:

„... äußerst sympathischer Mensch – sehr angenehm, mit ihm zu arbeiten – gute Kommunikation miteinander – eine gegenseitige Vertrauensbasis ...".
Diese Ihre höchsten Lobesäußerungen sind Ihre glaubhaften Schmeichel-Ausreden.

Etwa bei einem Gesamteindruck:

„... wirkt sehr solvent und zuverlässig – sehr geschmackvoll und Vertrauen erweckend – ein solider und gediegener Eindruck – würde mir sehr entsprechen – könnte mich gut eingewöhnen und Fuß fassen – übertrifft meine Erwartungen ...".

Das glaubt man Ihnen, weil es Ihrem „normalen" Wortschatz und Ihrer „normalen" Ausdrucksweise entspricht – auch wenn es Schmeichel-Ausreden sind.

Ein lebhafter und redefreudiger Typ nimmt natürlich andere Worte und Sätze in den Mund, um seine Begeisterung und Zustimmung zu äußern. Hier ist eher glaubhaft, etwas „ganz wunderbar – einmalig toll – super – klasse!" zu finden. Man ist „restlos begeistert – völlig überwältigt – hätte man nie für möglich gehalten – ist ganz happy".

Wenn so ein Charakter, der sonst bei Begeisterung gerne Superlative verwendet, nur sagt: „Ja, sehr nett, wirklich – hübsch – doch, kann ich akzeptieren – gefällt mir echt – werd ich wohl kaum Probleme haben – da kann man eigentlich gar nichts dagegen sagen – würde mich sicher wohl fühlen". Das ist als Schmeichel-Ausrede zu dünn.

Bei einer persönlichen Beurteilung wäre eine Spitzenbegeisterung dieses Typs eher glaubhaft: „Ich würde schrecklich gern mit Ihnen arbeiten – also von mir aus, ich sage mit Freude: ja! – kann man doch sofort gut miteinander reden – bei mir hat es gleich gefunkt – würde ich mit Haut und Haaren bei Ihnen einsteigen – dass wir gut zu einander passen und uns ergänzen können."

Noch einmal: Bitte beachten Sie:

Sie haben sich – je nach Typ und mit Ihrem „normalen" Wortschatz – positiv mit Lob und Zustimmung eingepolt, auch wenn Ihr Eindruck bei weitem nicht so erfreulich ist. Sie brauchen diesen Menschen und sein Wohlwollen, diese Stellung, den Job, das Geschäft.

Schmeichel-Ausreden sind – gut und gezielt angewendet – keine direkten Lügen – gelegentlich lassen Münchhausen, Schwejk oder Till Eulenspiegel grüßen! Benutzen Sie keine unglaubhaften Übertreibungen und schalten Sie Ihren Verstand mit ein. Überlegen Sie am besten *vorher*, was Sie sagen könnten (falls das möglich ist) und was der *andere gerne hört* (auch falls das möglich ist).

Ein praktisches Beispiel:

Ich gestehe, dass ich die Schmeichel-Ausreden gezielt und mit Erfolg eingesetzt habe.

Als junge Schauspielerin lebte ich in West-Berlin. Die Arbeitsmöglichkeiten waren noch Jahre nach dem Krieg sehr begrenzt, es gab nur wenige Theater, kein Fernsehen, kaum Möglichkeiten, Synchronaufnahmen zu machen und keine Werbung. Ich trampte also von Hannover aus vier Wochen durch das doch aussichtsreichere restliche West-Deutschland. Die Autobahnen waren noch sehr viel leerer und sicherer. Viele Anhalter versuchten, mitgenommen zu werden – das Geld war knapp.

Also:

Ich winke und lächle. Ein Auto hält.

„Könnten Sie so nett sein ..."

Er ist so nett.

„Ja, bis Göttingen kann ich Sie mitnehmen."

Ich steige ein. Die ersten fünf Minuten sind sehr aufregend. Wieder mal ein allein reisender Herr, berufstätig. Ich beginne mit:

„Die Landschaft ist ja so hübsch! Ich war noch nie hier, das kenne ich alles gar nicht."

„Ich fahre alle sechs Wochen durch die Gegend, links ist der Eschberg, ein sehr schöner Laubwald, dann kommt Semmingen, dort gibt es im ‚Grünen Baum' den besten Eierkuchen, haha ..."

Der Fahrer will also plaudern. Wunderbar. Erste gezielte Schmeichelstrategie, indem ich mich bewundernd im Auto umsehe. Das tue ich bei jedem Auto.

„Das ist ja ein ganz schicker Wagen! Fährt ja fabelhaft! Der ist wohl ganz neu, was?"

Die Schleusen waren geöffnet. Vorher war ein Auto für mich ein Gestell auf vier Rädern. Allmählich wurde ich Fachmann. Die meisten Fahrer waren Vertreter. Ich zolle vorsichtig Anerkennung, dass man sich so ein schönes Auto leisten könne, bei diesen Zeiten ...

„Ja, sehen Sie, das war gar nicht so leicht, der Anfang nach dem Krieg. Ich wurde 1940 eingezogen, war beim 245. Infanterieregiment, zuerst in Frankreich, dann ..."

Ich lehne mich beruhigt zurück. Die nächsten 20 Minuten brauche ich nur mit „Ach nein ... ja, so was ... Tatsache ..." zu begleiten.

Schmeichel-Ausrede Etappe 2 geht auch ganz flott: „Und dann haben Sie nach dem Krieg alles ganz allein aufgebaut? Das war doch sicherlich sehr mühsam ..."

„Ich habe nach 45 ganz klein angefangen, ich hatte es sehr schwer ... 1946 – 1947 – 1950 – 1952 ..."

Ich lausche, staune, entrüste mich, bin begeistert, – nehme lebhaft Anteil und denke: Wunderbar! Noch 70 km bis Göttingen! Da muss ich das kleine Bunker-Hotel nehmen, das Geld wird gerade reichen.

Schmeichel-Strategie Nr. 3 ist auch erfolgreich. Ich zeige auf das kleine Foto am Armaturenbrett. Kleines Kerlchen mit Teddy, wie alle Kinder.

„Der ist aber niedlich! Ist das Ihr Söhnchen?"

„Ja, mein Wolfgang. Wissen Sie, ich bin kein eitler Vater, aber so ein gescheites und liebes Kind ..."

Ich erfahre alles über Wolfgang. Dann sagt er:

„Sie sind ja so verständnisvoll und klug, ich unterhalte mich so gut mit Ihnen! Was sagen Sie eigentlich zu den letzten Regierungsverordnungen? Also im Vertrauen – unter uns ..."

Jetzt kommt das gefürchtete Thema Politik. Was meint er? Welche Verordnung? Ich überlege krampfhaft. Ist der Mann nun ein Verfechter der CDU oder der SPD??

„Die Freiheit der Persönlichkeit, das ist doch im Endeffekt entscheidend, darauf kommt es an!"

Das sage ich kühn und im Brustton der Überzeugung, denn das behauptet in jeder Rede irgendeiner.

„Sie sagen es! Also, wenn Sie meine Meinung hören wollen ..."

Natürlich will ich. Nichts interessiert mich mehr! Göttingen ist nicht mehr weit. Der Fahrer ist beeindruckt.

„Es ist so anregend für mich, wie intuitiv Frauen die große Politik sehen! Wissen Sie ... also meine Frau ... die hat leider so wenig Verständnis dafür. Ja, früher ... aber heute ... wir sind vier Jahre verheiratet ..."

Jetzt wird es kritisch. Irgendetwas ist immer schwierig in der Ehe, und da ich doch so einfühlsam bin und so anregend und so verständnisvoll ...

Ich rufe lebhaft und voller Freude:

„Oh ... Göttingen! Wir sind ja gleich in Göttingen! Wenn Sie mich freundlicherweise an einem Parkplatz absetzen ...?"

„Ich habe Sie in ein so langes Gespräch verwickelt ... na, da fahre ich Sie schnell ins Zentrum – zum Bahnhof, ja?"

Ich lächle dankbar. Autos, Häuser, Innenstadt. Morgen früh versuche ich am Theater mein Glück.

Ich war vier Wochen lang trampend unterwegs. Das Schmeichel-Ausreden-Muster funktionierte sehr gut. Ich bekam zum Schluss ein Engagement. Wie hätte ich denn sonst fast ohne Geld meine Vorsprechtermine bewältigen sollen?

Übrigens – die Zeiten sind anders geworden. Heute würde ich nie mehr jemandem anraten, per Anhalter zu fahren.

Meine damaligen Erfahrungen hat nach meiner Rückkehr übrigens gleich eine Berliner Zeitung gedruckt. Der Artikel hieß: „Knigge für Anhalter".

Kapitel

Sollen wir Ausreden gebrauchen – ja oder nein?

Schlicht gesagt: Wir kommen nicht drum herum. Durch Generationen und Zeiten sind Ausreden ein breiter und ausgetretener Trampelpfad geworden, der die Ufer der Wahrheit und der Lüge trennt. Nicht immer haarscharf zu sehen, aber durchaus begehbar.

Erinnern wir uns bitte noch einmal:
　Wir werden von Kindheit an mit Ausreden vertraut gemacht.

1. Die Erwachsenen gebrauchen Ausflüchte, kleine oder größere Unwahrheiten, um unliebsame Dinge zu vermeiden: Gespräche, Begegnungen, die lästig sind, – Verabredungen, die man vergessen hat, – Pflichten, die man nicht wahrnehmen will.
2. Kinder lügen einfach drauf los, um etwas zu vertuschen. Sie werden dabei erwischt. Aus Angst vor der möglichen Strafe und unangenehmen Folgen lernt man sehr schnell von den Vorbildern der Erwachsenen, geschickter zu schwindeln und Ausreden zu erfinden. Das sind keine Lügen, und man braucht kein schlechtes Gewissen zu haben.

Jetzt kommen die Lehrjahre:

a) Schulzeit: Die täglichen Nachlässigkeiten und Unterlassungen ziehen Bestrafungen nach sich: zu spät kommen, Aufgaben nicht gemacht, Texte nicht gelernt. Durchsetzung und Verteidigung im Klassenteam, im Familien- und Freundeskreis werden gefordert und trainiert. Übergriffe und Brachialgewalt werden durch Schwindeleien und Denunzieren verheimlicht. Das Zeugnis, die Abschlussprüfung, die Beurteilung, das Abitur werden enorm wichtig für die berufliche Weiterentwicklung. Da müssen Schwächen vertuscht oder verborgen werden. Daneben laufen in der Zeit der Pubertät die ersten Liebeleien, die mögliche Eifersucht. Imponiergehabe, Aufschneiden, Prahlen sind gang und gäbe, nur um selbst Erfolg zu haben. Das geht oft über die Grenze der Ausreden hinaus.
b) Berufseinstieg: Das Leugnen von Schwächen und Fehlern wird als notwendig angesehen. „Man kann nicht alles wissen!" Geht eine Sache glatt und gut und wurden die Strauchelfallen durch fadenscheinige Umwege vermieden, ist man froh, stolz und erleichtert. Die „kleinen Lügen" werden sofort vergessen. Geht eine Sache schief, dann hatte man eben „elendes Pech", oder „… die hatte gleich eine Antipathie gegen mich" oder man wurde „völlig überrannt und einfach ausgetrickst!"
c) Berufsjahre: Die langen Berufsjahre bringen eine Häufung von Situationen mit sich, in denen unsere Fehler erkannt und angemahnt werden. Schuldzuweisungen werden von oben nach unten weitergegeben. Und der jeweils untere Empfänger muss sich verteidigen, rechtfertigen oder ausweichen. Hier ist vor allem die Vielfalt der Ausreden anzutreffen, die

Kapitel 6: Sollen wir Ausreden gebrauchen – ja oder nein? 151

üblich sind. Hier sind aber auch die Ratschläge angesiedelt, wie man ihnen begegnet.

Bitte beachten Sie:

1. Regel:
Zeit gewinnen durch Ablenkungen: Zitate, Sprichworte, erstauntes Nachfragen. Die Fehler kann auch ein anderer verursacht haben, oder die Umstände haben dazu geführt, dass etwas schief gelaufen ist.

2. Regel:
Wir begegnen unser Leben lang den *Alltags-Ausreden* bei Freunden, Verwandten, in unserem sozialen Umfeld, bei alten und neuen Bekannten. Sie sind gebräuchlich und richten meist keinen Schaden an. Alle vertuschen damit Unachtsamkeiten und Vergesslichkeiten und beschönigen Enttäuschungen. Sie sollten nur nicht verwendet werden, wo man unbeschadet auch die Wahrheit sagen kann.

3. Regel:
Bei *Krankheit und Trostzusprache* sollten die Worte keine falschen Übertreibungen enthalten. Leidende haben feine Antennen. Bleiben Sie behutsam an der Grenze von Ermunterung und Anteilnahme bei den Ausreden und Umschreibungen für Ihre wirkliche Betroffenheit und Trauer.

4. Regel:
Verblüffung und Irritation des Partners.
Unübliche Antworten statt Ihrer wahren Meinung, Ihrer persönlichen Urteile, sind oft eine große Hilfe,

nicht auf Äußerungen festgenagelt zu werden, – die könnten Ihnen sehr schaden.

5. Regel:
Ausreden in Ihrem beruflichen Fachgebiet müssen überzeugend klingen und um das Wohl Ihrer Kunden bemüht sein. Sie sollten Ihr spezielles Wissen ruhig etwas betonen. Der Angesprochene muss Ihnen vertrauen können, er versteht nichts von Ihrem Beruf, aber er braucht Ihre Hilfe.

6. Regel:
Etwas kritischer sollten Sie Ihren *Ausreden vor sich selbst* gegenüberstehen. Was Sie angeblich für andere tun, hat auch immer eine Wurzel in Ihnen selbst: Befriedigung, Genugtuung, Selbstbestätigung.

Genugtuung bei unseren Ausreden liegt darin, dass sie uns so oft helfen, mit heiklen Situationen famos fertig zu werden. Das stimmt uns optimistisch, und der kleine Schönheitsfehler „Eigentlich hab ich ja geschwindelt" wird weggewischt. „Die Ausrede musste ich einfach gebrauchen, sonst wäre alles umsonst gewesen!"

Bei den Ausreden vor sich selbst liegen aber auch die Wurzeln für: Flucht vor Veränderung, vor Risiko oder Verantwortung, ja, Schuld:

„Den Job im Ausland hätte ich so gern angenommen, aber meine kranke Mutter würde die Trennung nicht überleben ..."

„Weiterarbeiten im Beruf konnte ich nicht, die Kinder sollten doch ihr schönes Zuhause-Nest haben ..."

„Wenn ich die Firma nicht halte und von morgens bis abends da bin, dann gehen doch 40 Mitarbeiter bald stempeln – einer muss es doch machen ..."

Bei solchen Argumenten sind die Ausreden kaum zu erkennen, dass man selber den entscheidenden Schritt gar nicht tun will.

7. Regel:
Alle Ihre Ausreden sollten immer *an der Grenze der Wahrheit* bleiben. Man muss glauben, dass es möglich sein könnte. Während dieser Zeitspanne soll der Gesprächspartner überlegen:

„Ja, *was* meint er damit?"
„Ja, *wie* hat er das denn gemeint?"
„Was soll das jetzt *bedeuten*?"

Sehr oft verhindert so eine Schreck-Sekunde das nochmalige Nachhaken, die nochmalige dringliche Frage oder Anschuldigung. Meistens können Sie dann von dem heiklen Thema ablenken und eine andere Gesprächswendung ankurbeln.

Vermeiden Sie bitte:
Hilfloses Stammeln „Ja, also – ja – ich weiß nicht …. also, was soll ich dazu sagen … ja, im Moment …" Damit zeigen Sie Unentschlossenheit, Ertapptsein, Schuldeingeständnis.

Vermeiden Sie bitte ebenso:
Wütende Verteidigung: „Also das ist eine Frechheit! Wie können Sie so was behaupten! Das müssen Sie mir erst mal beweisen! Kehren Sie doch vor der eigenen Tür! Sie haben mir überhaupt nichts zu sagen, von Ihnen muss ich mir gar nichts gefallen lassen!" Damit zeigen Sie Betroffensein, schlechtes Gewissen, Schuldabwälzung – weil Sie doch etwas zu verbergen haben. Es könnte Ihnen eine Beschimpfung, eine Beleidigung unkontrolliert über die Lippen kommen – was Sie nachher bereuen und was Ihnen schadet.

8. Regel:
Üben Sie bei allen möglichen Gelegenheiten *schlagfertige Reaktionen!* Auch wenn Sie keine Ausreden gebrauchen müssen – parieren Sie in Gesprächen prompt und treffend mit den Vorschlägen für Überraschungs- und Verblüffungs-Ausreden. Es ist ein halb neidisches, halb bewunderndes Kompliment, wenn man von Ihnen sagt: „Der oder dem fällt immer etwas ein!"

Es gibt manchmal so ungewöhnliche Antworten, dass man eine ziemliche Zeit überlegt, ob das stimmt oder eine schlagfertige Ausrede ist, um sich aus der Verlegenheit zu ziehen.

Bei einer Vernissage von Grafiken, die Themen aus der Mythologie, Götter- und Heldendarstellungen zeigte, erläuterte der Künstler einen sagenhaften König, der mit Zepter und Reichsapfel auf einem Steinwürfel thronte.

Ein Zuschauer meinte nach der ausführlichen Besprechung: „Der König schielt doch ganz deutlich mit einem Auge ...?" Der Künstler – nach einem Gedankenbruchteil mit Überzeugung und Gelassenheit: „Natürlich – mit einem Auge sieht er immer auch nach innen." Künstlerische Absicht oder gekonnte Ausrede?

Ebenderselbe Maler zeigte ein anderes Werk, das eindeutig ein kämpferisches Thema behandelte. In einer Ecke am oberen Bildrand war mit einiger Fantasie ein Schwan zu erkennen. Ein Zuschauer fragte überrascht, was dieses Symbol der Reinheit in dem Getümmel ausdrücken solle. Ohne Zögern antwortete der Künstler: „Ich bin froh, dass Sie dieses Symbol erkennen! Selbst in den schlimmsten Situationen ist immer auch Unschuld und Reinheit dabei." Keiner widersprach. Manch einer staunte. Aber niemand wagte dies anzuzweifeln. Ein perfekter Münchhausen!

Bei einem unserer mehrfachen Umzüge stellte ich nach drei Tagen fest, dass die großen Balkonfenster nicht dicht waren. Ich beschwerte mich heftig bei dem Vermieter und forderte ihn auf, diesen Schaden unbedingt zu beheben! Der schüttelte höchst verwundert den Kopf: „Der Durchzug ist beabsichtigt! Der muss sein, wegen der Luftregulierung über dem Heizkörper! Das ist sehr wichtig für die Gesundheit und das Wohlbefinden! Der Architekt hat das beim Bau beabsichtigt!"

Mir verschlug's die Sprache. Um mir durch den permanenten Durchzug keine chronische Kopfgrippe zuzuziehen, ließ ich schließlich selbst von einem Glaser die Fenster abdichten.

Im Warteraum eines mir fremden Hals-Nasen-Ohrenarztes, den ich bei einem Winterurlaub aufsuchen musste, war es lausekalt. Die Heizkörper waren abgestellt.

Als ich auf diese Unterlassung hinwies, schüttelte der sehr beleibte Arzt nur freundlich lächelnd den Kopf: „Einmal im Jahr muss der Mensch durchfrieren und sich damit akklimatisieren, das sollten Sie sich merken!"

Na ja – gelegentlich treffen erprobte Ratschläge – oder Schwejk'sche Ausreden auch auf taube Ohren ...

Im Gegensatz dazu war das Argument eines orthopädischen Schusters in einem kleinen badischen Kurort, bei dem ich mir für meine Wanderschuhe Einlagen machen ließ, nicht ganz von der Hand zu weisen. Ich hatte das Rezept des Arztes bei mir. „Aha", lachte der fröhliche Schuster, „da haben wir ja einen schönen Senkfuß!" „Spreizfuß – meint der Doktor," warf ich sanft verbessernd ein, aber der wackere Meister schüttelte nur munter den Kopf: „Senkfuß! Ich bin Praktiker! Ich gehe von einem anderen Standpunkt aus!"

Letzte Regel:
Wenn über Ihren Stand- und Blickpunkt, Verblüffungs- und Floskel-Ausreden dem Partner die Sprache weg oder der Mund offen stehen bleibt, dann hat das Buch seinen Zweck erfüllt und die Autorin freut sich!

Literaturverzeichnis

Berckhan, Barbara: *Die etwas intelligentere Art, sich gegen dumme Sprüche zu wehren.* Weltbild-Verlag, 2001

Birkenbihl, Vera F.: *Kommunikationstraining.* mvg-verlag, 2000

Birkenbihl, Vera F.: *Rhetorik − Redetraining für jeden Anlass.* Urania-Verlag, 1997

Büchmann, Georg: *Geflügelte Worte.* Droemer/Knaur, 2001

Carnegie, Dale: *Rede.* Verlag lebendiges Wort, 1992

Eisler-Mertz, Christiane: *Die Sprache der Hände.* mvg-verlag, 1997

Eisler-Mertz, Christiane: *Handdeutung.* Falken-Verlag, 2000

Eisler-Mertz, Christiane: *Mit Worten überzeugen.* mvg-verlag, 1998

Eisler-Mertz, Christiane: *Selbstsicherheit durch Körpersprache.* Goldmann-Verlag, 1989

Eisler-Mertz, Christiane: *Vom Saulus zum Paulus.* Chiron-Verlag, 1998

Hofmeister, Roman: *Das neue Handbuch Rhetorik.* Seehamer-Verlag, 1999

Mertz, Bernd A.: *Esoterik.* Ullstein-Verlag, 1996

Mertz, Bernd A.: *Magisch reisen Ägypten.* Goldmann-Verlag, 1991

Mertz, Bernd A.: *Magisch reisen Griechenland.* Goldmann-Verlag, 1991

Molcho, Samy: *Körpersprache als Dialog.* Mosaik-Verlag, 1988

Pöhm, Matthias: *Frauen kontern besser.* Midena-Verlag, 2000

Pöhm, Matthias: *Nicht auf den Mund gefallen!* mvg-verlag, 2000

Schlüter, Barbara: *Rhetorik für Frauen.* mvg-verlag, 1998

Stichwortverzeichnis

Ablenkungen 52, 64, 151
Achillesferse 82
Alltags-Ausreden 151
Antworten, schlagfertige 127
Ausdrucksweise 143
Auseinandersetzung 16
Ausrede(n)
 –, barmherzige 114
 –, die wir gar nicht merken 109
 –, mimische 31
 –, optische 91
 –, patzige 79
 –, positive 93
 –, überzeugende 95
 –, vor sich selbst 152
Autofahrer, Ausreden der 85
Autowerkstätten, Ausreden in 97

Begrüßungsgaben 117
Behörden(-)
 –, Ausreden in 77
 -Ausreden-Regeln 78
Berufs(-)
 -einstieg 150
 -gruppen, Ausreden verschiedener 77
 -jahre 150
Bibelfesten, Ausreden der 58
Blickpunkt-Ausrede(n) 15f., 20ff., 133
Brille, rosarote 20, 25

Das-kann-ich-ihr-doch-nicht-antun-Lüge 129
Dienstleister, Ausreden der 93

Echo-Effekt 136
Einflüsse, kosmische 107
Erwachsene 149
Esoteriker, Ausreden der 106
Eulenspiegel, Till 144

Fachgebiet, Ausreden im beruflichen 152
Familienberichte
Feinde-ans-Herz-drücken-Methode 110

Geschäftsberichte 24
Geschenk(-) 116, 120, 122, 125f.
 -Abstell-Sitte 121

Harte-Schale-weicher-Kern-Ausreden 28
Hinauszögern, geschicktes 127
Hotels und Feriendomizilen, Ausreden in 99

„Ich-kann-ihr/ihm-doch-die-Freude-nicht-verderben"-Ausreden 114, 117, 128
Irritation(s-) 151
 -Ausrede 64

Kinder 149
Kindermundwahrheiten, goldene 37f.
Konflikte 26
Krankheits-Ausreden 41

„Lateiner", Ausreden der 54
Lateinzitate 55f.
Lebensregeln, goldene 74, 83f.
Liebe, Ausrede aus 129
Liebes-Ausreden 134
Literatur-Ausreden 45
Lüge(n) 149
 –, barmherzige 26f., 114
 –, geschönte 73

Märchen 59
Mitleidstour 109

Münchhausen 77, 93, 96, 144, 154

Nachfragen, erstauntes 151
Namen, vergessen 36

Orakel(-) 66
 -Ausreden 64
 -prinzip 72
 -sprüche 67, 70

Politiker, Ausreden der 71
Probleme, sich herumschlängeln um 16

Reaktionen, schlagfertige 154
Rechenschaftsberichten, Ausreden bei 73
Rettungsanker 56

Sagen 59
Schauspieler(-)
 –, Ausreden der 103
 -Ausreden 105
Schmeichel-Ausreden(-) 140f., 143f., 146
 -Muster 147
Schmerzgrenze 26
Schulzeit 150
Schwarzfahrer, Ausreden der 88
Schwejk 77, 93, 96f., 144
Schweijk'sche Ausreden 155
Selbstschutz 15
Spiegel-Ausreden 139
Sprachlos machen, andere 45
Sprechstundenhelferinnen, Ausreden der 90
Sprichworte 53, 56f., 151
Stammeln, hilfloses 153
Standard-Floskeln 93
Staunen 126
Stille Post(-) 131f., 134
 -Ausreden 129,
 -Geschichten 133
Streicheleinheiten, verbale 17, 19

Teilwahrheit 26
Trostzusprache 151

Überraschung(s-) 126
 -Ausrede 49, 53
 - und Verblüffungs-Ausreden 45, 47
 -momente 33
Umgangsformen 15
Umgehungs- und Floskel-Ausreden 33, 35
Umstände 83f.
Urlaubsberichte 22

Verblüffung(s-) 151
 -Ausrede 50ff.
Verkehrs-Situationen 87
Verlegenheits- und Floskel-Ausreden 37
Verteidigung, wütende 153
Verwunderung 126
Von-Herz-zu-Herz(-)
 -Appell 111
 -Ausreden 109f., 113f.
 –, Kehrseite der 112

Wahrheit(en) 26, 149
 –, an der Grenze der 153
 –, verfremdete 73
Wiedersehen, nach langer Zeit 33
Worte
 –, geflügelte 59f.
 –, wählen 142
Wortschatz 144

Zeit, gewinnen 45, 151
Zitate(-) 53, 60, 151
Zitate
 –, biblische 58
 –, passende 63f.
 -Ausreden 56
 -Sprichwort-Strategie 62
Zu-spät-kommen-Ausreden 40f., 43